COLLECTI
L'IMAGINAI

Léon-Paul Fargue

Le piéton de Paris

suivi de

D'après Paris

Gallimard

1001904592

2070734890

Léon-Paul Fargue est né le 5 mars 1876. Il fait de bonnes études au collège Rollin, au lycée Janson-de-Sailly, puis au lycée Henri-IV où il se lie avec Alfred Jarry.

Étudiant à la Sorbonne, il hésite entre la littérature, la peinture, la musique. Il participe à la création de revues : *Croisade,* avec Francis Jourdain et Maurice Tourneur, *L'Art littéraire,* avec Alfred Jarry Le Mercure de France publie bientôt ses poèmes.

En 1909, il rencontre Valery Larbaud à l'enterrement de Charles-Louis Philippe, et ce sera le début d'une amitié importante.

À son « maître » Stéphane Mallarmé, il voue une grande admiration. En 1932, il est élu membre de l'Académie Mallarmé.

Dans les années d'après-guerre, Fargue dirige la revue *Commerce* avec Jean Paulhan, Valery Larbaud et Paul Valéry. En 1943, au cours d'un repas avec Picasso, il est frappé d'hémiplégie et restera paralysé. Il reçoit en 1946 le Grand Prix de la Ville de Paris et il meurt le 24 novembre 1947, chez lui, boulevard Montparnasse. Durant toute sa vie, Léon-Paul Fargue aura fait preuve d'un individualisme si marqué qu'il refusa d'intégrer quelque mouvement que ce soit, comme le surréalisme, dont certaines conceptions lui étaient proches.

Son œuvre comprend des poèmes en prose et en vers : *Trancrède, Pour la musique, Vulturne, Haute solitude...*, et aussi des proses et des essais : *Sous la lampe, D'après Paris, Le piéton de Paris, La lanterne magique...*

Le piéton de Paris

A Madame Paul Gallimard.

Par ailleurs

Souvent, je vois entrer dans ma chambre, encore éventée de ces lueurs spectrales et de ces grappes de tonnerres qu'échevèlent dans Paris les camions des Halles, je vois entrer, et pas plus tard qu'hier, quelque camarade ou quelque collègue, journaliste ou poète, qui me demande, qui me somme parfois de lui donner quelques lumières sur ma façon de travailler. Singulière question. Du moins, pour moi. Pour cet homme encore errant parmi les draps et les songes, étayé de fantômes, jouant à saute-mouton avec des vies antérieures, que je suis au matin. Ma méthode de travail? Quelle serait-elle? Et d'abord, en aurais-je une? Serais-je l'esclave de quelque discipline régulière? Serait-il vrai que je retrouve, pour sortir de la forêt, toujours le même sentier, que mes pas se posent sur les mêmes feuilles?

La question me redescend vers le rêve. Je comprends qu'elle contienne, pour certains, certaines doses d'intérêt. Ne sommes-nous pas, nous autres gens de méditations, de ruminations et d'encre, semblables aux prestidigitateurs dont on aimerait de savoir comment ils s'y prennent pour faire sortir des truites de leur canotier?

— Voyons, Monsieur, me disait un jour une belle femme avide de s'instruire. Nous voici ensemble devant ce

canal Saint-Martin pour lequel vous professez une passion maladive. Nous nous penchons ensemble sur cette eau immobile et sombre. Aucune voix ne monte pour moi de ce spectacle qui vous dit tant de choses. Demain, cependant, je lirai sous votre signature, dans quelque revue, des observations qui me frapperont par leur justesse ou leur poésie. Comment faites-vous ?

Ce « Comment faites-vous ? », on sait qu'il a poinçonné, comme un taon, les oreilles de Racine, de Baudelaire, du père Hugo, de Mallarmé, de Rimbaud, de Cézanne, de Debussy ; qu'il travaille celles de Valéry, de Picasso, de Pierre Benoit, de James Williams, de Joe Louis, de Di Lorto, de l'homme qui a vaincu la roulette, aussi bien que celles, plus ductiles encore, de Greta Garbo. Il y a, dans l'Art et dans le Sport, des questions de chambre noire et d'alambic qui passionnent les foules. Et je me mets à leur place. Quand j'étais jeune, je rêvais des minutes entières sur une image qui représentait un pygargue en train d'enfoncer, la tête sous l'eau, ses serres dans le dos d'un gros brochet. J'imaginais le rapace planant à une hauteur considérable au-dessus de la rivière, et, brusquement, aussitôt qu'il avait aperçu le poisson dormant et niellé, fondant sur lui, comme un parachute qui ne se serait pas ouvert. Mais il lui fallait encore amener la proie sur le rivage, c'est-à-dire nager, sortir de l'eau, encombré d'ailes, de griffes, d'écailles et de liquide. Il y avait là pour moi une série de mystères admirables, d'enchaînements et de lois où je voyais souvent quelque clef du monde.

Mais que répondre aujourd'hui au collègue désireux de connaître comment je donne, moi, ce coup de serres dans un autre milieu, ou plutôt ce coup de filet, comme disait mon vieux Thibaudet ? Je ne sais. Ou plutôt, je sais que je *n'ai pas de méthode. Ce n'est pas qu'une force obscure et malicieuse me rende somnambule tout à coup et m'oblige à poser les deux coudes sur la table. Je ne tiens guère à l'inspiration.*

Qu'on veuille bien m'excuser de risquer ici quelques semble-paradoxes auxquels je tiens comme à la racine de mes yeux. Je ne me fie pas trop à l'inspiration. Je ne me vois pas, tâtonnant parmi les armoires et les chauves-souris de ma chambre, à la recherche de cette vapeur tiède qui, paraît-il, fait soudain sourdre en vous des sources cachées d'où jaillit le vin nouveau. L'inspiration, dans le royaume obscur de la pensée, c'est peut-être quelque chose comme un jour de grand marché dans le canton. Il y a réjouissance en quelque endroit de la matière grise ; des velléités s'ébranlent, pareilles à des carrioles de maraîchers ; on entend galoper les lourdes carnes des idées ; les archers et les hussards de l'imagination chargent le papier net. Et voici que ce papier se couvrirait, comme par opération magique, et comme si, à de certaines heures, nous sentions, sur cette plage qui va d'une tempe à l'autre, le crépitement d'une mitrailleuse à écrire ? L'inspiration, en art, me fait l'effet d'un paroxysme de facilité. Et je lui préférerais encore l'intention, autre microbe, mais plus curieux.

Second point : l'art littéraire ne m'intéresse que dans la mesure où il est plastique. Et, de même que Thibaudet avait distingué chez quelques auteurs un romanesque de la psychologie plus subtil que celui des péripéties, j'aime, moi, une certaine plastique des états de l'âme. Ne me confondez pas, s'il vous plaît, avec les Parnassiens, que, d'ailleurs, j'admire, ayant un faible pour les orfèvres contre les quincailliers. Les Parnassiens étaient hallucinés par le bas-relief. Moi, je me suis laissé appeler par les géographies secrètes, par les matières singulières, aussi par les ombres, les chagrins, les prémonitions, les pas étouffés, les douleurs qui guettent sous les portes, les odeurs attentives et qui attendent, sur une patte, le passage des fantômes ; des souvenirs de vieilles fenêtres, des fumets, des glissades, des reflets et des cendres de mémoire.

Que de fois n'avons-nous pas parlé de la chose avec Charles-Louis Philippe ou avec Michel Yell ! Il faut, disais-je, que l'un de nous se décide à écrire ce que l'on n'écrit pas. Car, en somme, en dehors de certains chefs-d'œuvre, aussi nécessaires au rythme universel que les sept merveilles du monde, et qui finissent par se confondre avec la nature, avec les arbres, avec les visages, avec les maisons, l'on n'écrit rien. Personne ne fait véritablement ressemblant. *Autre chose aussi sollicitait notre angoisse. C'était le poids toujours constant, toujours présent, et sur une seule impression, du monde entier, matières, bruits, souffles, croisillons étranges, souvenirs. Nous étions là, promeneurs excités du boulevard de la Chapelle, fixés sur un seul point de la vie éternelle, sur un seul furoncle du tourbillon. Et cependant des rois mouraient, un crime s'équarrissait, une paire de lunettes glissait d'un nez, les anguilles filaient comme des coups de couteau vers des paradis aquatiques plus tièdes, le garçon du café voisin pleurait dans le demi-setier du client tendre, un tramway montait en râlant de la gare de l'Est, on jouait au bridge chez M*^{me} *de Jayme-Larjean, il faisait nuit d'hiver ici, et printemps là-bas couleur de thécla… La somme brasseuse et polymorphe vivait de son fourmillement. Tout vivait en même temps. La pensée qu'il faudrait des millions et des millions d'années pour décrire la millionième partie d'un instant nous confondait, nous brutalisait, nous figeait sur place. Et je répétais que personne ne se décidait à écrire ce que l'on n'écrira jamais. Alors Philippe, de sa voix bonne, rude, un peu tordue, jamais oubliée, me disait : « Décide-toi. » Puis nous repartions vers les nuits infinies de nos destinées inconnues, aussi difficiles à prévoir et à définir que l'immensité bouleversante des destinées totales et simultanées de ce qui nous environnait.*

Toujours, ma « méthode » de travail a tenu compte de ces terreurs lointaines. Il m'apparaissait naturellement qu'il y avait toutes sortes d'écrivains, et que les différences entre nous étaient aussi formelles que celles qui séparent marguilliers de professeurs de tennis. De bonne heure, je ne me suis intéressé qu'à ceux qui opèrent, si je puis dire, dans les zones précieuses, et se servent d'outils de plus en plus difficiles à trouver, délicats à entretenir. L'écrivain ne m'excite que s'il me décèle un principe physique, que s'il me laisse voir qu'il pourrait travailler de ses mains, peintre, sculpteur, artisan, que s'il me montre le sentiment du « concret individuel ». S'il ne donne pas à son ouvrage un caractère d'objet, et d'objet rare, il ne m'intéresse qu'à la cantonade.

Si je dis parfois qu'il y a tout dans Balzac, Stendhal, Dostoïevsky ou Tolstoï, je m'aperçois qu'il y a bien autre chose chez Rimbaud, Flaubert ou Valéry. Il ne s'agit plus pour moi de décrire, de déduire ou de conclure. Je répugne à l' « expliqué », comme au « raconté », comme au « romancé ». Aussi n'ai-je aucune méthode de travail. J'ai plutôt ma façon de gravir la montagne qui sépare la vallée du papier blanchi du plateau des feuilles noircies. Mais ces pistes demeurent secrètes, même pour moi. Tout ce que je puis révéler, c'est que je voudrais, à mon tour, dire quelques mots de ce qui se passe entre notre âme et les choses, c'est que je voudrais comparaître à mon tour devant le suprême tribunal et connaître l'état de mon cœur. Sans doute, il y a une première prise de contact. Des matières, des images sûres, des odeurs irréfutables, des clartés péremptoires viennent à ma rencontre. J'en écris, soit. C'est un premier jet. J'installe ces couleurs de préface sur un large écran. Je tisse une toile. Le stade second consiste à percevoir plus loin, à m'arrêter devant le même spectacle, à me taire plus avant, à respirer plus profond devant la même émotion. Si j'avais quelque jeune disciple à former, je me contenterais probablement de lui murmurer ces seuls mots : « Sensible... s'acharner à être sensible, infiniment sensible, infiniment réceptif. Toujours en état d'osmose. Arriver à n'avoir plus besoin de regarder pour voir. Discerner le murmure des mémoires, le murmure de l'herbe, le murmure des gonds, le murmure des morts. Il s'agit de devenir silencieux pour que le silence nous livre ses mélodies, douleur pour que les douleurs se glissent jusqu'à nous, attente pour que l'attente fasse enfin jouer ses ressorts. Écrire, c'est savoir dérober des secrets qu'il faut encore savoir transformer en diamants. Piste longuement l'expression qui mord et ramène-la de très loin, s'il le faut. » Un de mes plus vieux ancêtres avait inventé quelque chose au Palais du Louvre et à la Fontaine des Innocents. Son arrière-petit-fils (il avait une bonne figure) avait inventé un Dictionnaire ; mon aïeul avait réinventé sa trousse ; mon père avait inventé son verre, ses émaux, sa palette, ses instruments, sa cuisson. Et moi, je cherche à continuer tant bien que mal, en y apportant mon équation de poète chimiste, la taillerie de mes pères...

Mon quartier

Il y a des années que je rêve d'écrire un « Plan de Paris » pour personnes de tout repos, c'est-à-dire pour des promeneurs qui ont du temps à perdre et qui aiment Paris. Et il y a des années que je me promets de commencer ce voyage par un examen de mon quartier à moi, de la gare du Nord et de la gare de l'Est à la Chapelle, et non pas seulement parce que nous ne nous quittons plus depuis quelque trente-cinq ans, mais parce qu'il a une physionomie particulière, et qu'il gagne à être connu.

Il y a trente-cinq ans, on y allumait encore des chauffoirs qui sentaient le pantalon d'homme et la locomotive usée, des chauffoirs plutôt tièdes, mais célèbres dans l'univers misérable, autour desquels les gueux du Tout-Hors-la-Loi venaient se rassembler comme des mouches autour d'un morceau de Munster. C'était le temps où Bruant chantait et faisait chanter :

> *Mais l' quartier d'venait trop rupin.*
> *Tous les sans l' sou, tous les sans-pain*
> *Radinaient tous, mêm' ceux d' Grenelle,*

A la Chapelle.
Et v'là pourquoi qu' l'hiver suivant
On n' nous a pus foutu qu' du vent,
*   Et l' vent n'est pas chaud, quand i' gèle,*
*   A la Chapelle...*

Cette sorte de langue a disparu. Aujourd'hui, les gars de la Chapelle et les filles de la rue de Flandre, ou de ces quartiers singuliers que l'Administration a nommés Amérique et Combat, chantent comme des phonographes. Par la radio et le disque, le dix-neuvième arrondissement ressemble, en 1938, aux autres arrondissements. Les tripiers, les avocats qui pratiquent le système du crédit en matière de divorce, les proxénètes que les petits lots de la « Nationale » enrichissent doucement, les figurants des Bouffes du Nord, les employés de la navigation fluviale, les marchands de vins du quai de l'Oise et les garagistes de la place de Joinville sont pour le confort, et ne dédaignent pas d'écouter *Faust* ou la *Neuvième* quand leur haut-parleur huileux et courtaud vomit de la bonne musique.

Contrairement à une légende entretenue dans la cervelle des jeunes bacheliers par des papas casaniers, la Chapelle n'est ni un quartier de crimes, ni un quartier de punaises. C'est un endroit charmant, et même sérieux. Mais sérieux dans le sens où le mot s'applique à un bourgogne, à un cassoulet ou à un brie de Melun. C'est un plat sérieux.

Une preuve de cette dignité nous est fournie par les maîtresses bourgeoises que des industriels ou des représentants du centre parisien viennent retrouver, à la Chapelle ou plus bas, autour des gares du Nord et de l'Est, dans des restaurants de bons mangeurs, dans des brasseries discrètes et vastes où l'amour est fait pour inspirer à la fois Bourget, Steinlen et Kurt Weil. Maîtresses ornées de grosses bagues et de sautoirs, qui portent le deuil quand leur amant a perdu quelque grand-père, et dont les seins robustes évoquent toute une série de méditations consacrées à la maternité fictive. Maîtresses sérieuses.

Bien sûr, le quartier est aussi celui des femmes pour « sidis », des bagarreurs qui ne peuvent distinguer l'adversaire qu'en fermant à demi les paupières, des chercheurs de « corridas » qui s'échelonnent de débit en débit le long des grands murs de la rue de Tanger ou du canal de l'Ourcq, que les marchands de charbon pour sports d'hiver ont colonisé, baptisé, adopté, donnant aux ruelles leurs noms célèbres sur les sacs. Mais cette faune est parasitaire.

Elle s'est établie à la Chapelle, ou à la Villette. Elle s'est reproduite dans l'atmosphère humide et fumeuse du canal Saint-Martin, dans le jus des abattoirs, pour les raisons qui conduisent les bourgeois à éviter le pittoresque du dix-neuvième.

Si j'ai une tendresse particulière pour cet endroit de Paris, c'est que j'y suis presque né. J'avais quatre ans lorsque mon père s'installa à la Chapelle, là où se trouve aujourd'hui le cinéma « le Capitole », et où il faillit faire fortune en vendant des « plumes miraculeuses écrivant sans encre », qui annonçaient le stylo, et en introduisant dans le marché un nouveau traitement chimique des perles de couleur. Je revins dans le dixième arrondissement, après avoir connu la rue du Colisée, pour entrer au collège Rollin, où je trouvai

Barbusse, qui fut bon élève. Nous habitions rue de Dunkerque.

Avant de revenir dans ce quartier énorme, imposant, étayé par deux gares, nous passâmes par Passy. Mais, la seconde fois, nous nous installâmes dans le dixième pour tout de bon. Une sorte de passion nous ramenait là, boulevard Magenta, puis faubourg Saint-Martin, et j'y serais encore si la Compagnie de l'Est ne nous avait expropriés avant de nous faire remonter rue Château-Landon, à la Chapelle, dans ce cirque grouillant et sonore où le fer se mêle à l'homme, le train au taxi, le bétail au soldat. Un pays plutôt qu'un arrondissement, formé par des canaux, des usines, les Buttes-Chaumont, le port de la Villette, cher aux vieux aquarellistes...

Ce royaume, un des plus riches de Paris en bains publics où l'on attend comme chez le dentiste, est dominé par la ligne aérienne du métro qui le couronne comme un frontail. Vers le Nord, la rue d'Aubervilliers part comme une longue kermesse, pleine de boutiques à en plier. Marchands de pieds de porc, de dentelles au poids, de casquettes, de fromages, de salades, d'arlequins, d'épinards cuits, de chambres à air d'occasion qui se chevauchent, s'entre-pénètrent, s'emboîtent, pareils aux éléments d'un Meccano de cauchemar. On y trouve l'œuf à six sous, le jarret de veau « à profiter », le morceau de brie laissé pour compte par une piqueuse appelée à Charonne un jour de mariage, et, parfois, quelque renard argenté qui n'est plus guère qu'un plumeau, et qui finit à seize francs par mois une existence commencée sur des épaules très « avenue du Bois ».

Le bruit de la ligne Dauphine-Nation, pareil à une

plainte de zeppelin, accompagne le voyageur jusqu'à ces quartiers cernés de cheminées d'usines, lacs de zinc où la rue d'Aubervilliers se jette comme une rivière de vernis. Des vagissements de trains égarés servent de base au paysage. A toute heure du jour, des équipes d'ouvriers vont et viennent le long des cafés au front bas où l'on peut « apporter son manger », laisser ses gosses « pour une heure », et dormir parfois sans consommer.

Le prix de la vie y est certainement moins élevé que partout ailleurs, mais les commerçants sont hostiles au crédit. De là, sans doute, le secret de leurs charcuteries opulentes et des Renault bien sages que l'on promène le dimanche, autant pour les montrer que pour rouler. Encore pourrait-on discuter sur la vanité des gens de la Chapelle. C'est un quartier pur, à la fois riche et serré, ennemi de Dieu et du snobisme. Les touristes qui s'arrêtent devant la charmante église de la place de Joinville, si florentine de ton, et les gourmets qui arpentent les rues pour dénicher un petit restaurant font naître le même sourire méprisant sur le visage des indigènes...

Les restaurants, on les trouve à la Villette. Ils sont d'ailleurs indiqués par les bons ouvrages. Quant aux « curiosités touristiques », si le canal de l'Ourcq, qui s'étend et dort comme une piscine entre les quais de la Marne et de l'Oise, ne rend pas le voyageur poétique, c'est qu'il est trop difficile pour s'accommoder d'un paysage mi-hollandais et mi-rhénan. Ce canal est pour moi le Versailles et le Marseille de cette orgueilleuse et forte contrée. L'art ne s'y risque guère, et pourtant tous les élèves de Marquet et d'Utrillo devraient y avoir élu domicile.

Il y a là un mélange de petits hôtels trébuchants et sympathiques, d'étalages de sacs, des équipes de mariniers endormis, des démonstrations de maçonnerie ou de blanchisserie, une coopération de gaillards de Rotterdam, de Turin, de Toulouse, de Dijon, de Strasbourg, un palmarès de péniches aux noms ravissants dont le voisinage et les nuances et les contours devraient faire naître un poète par maison. Or, on ne me signale aucun « intellectuel » dans la région. Le moins éloigné en est Luc Durtain, qui est du boulevard Barbès, ce qui, pour un homme de la rue de Flandre, signifie à peu près Savoie ou Bulgarie.

La pièce de résistance de ce quartier, tout fleuri de sémaphores, et dont les beautés naturelles sont nombreuses, la place du Maroc, la rue de Kabylie, les Pompes Funèbres serrées entre la rue d'Aubervilliers et la rue Curial, les entrepôts, les cliniques pour locomotives, la pièce de résistance demeure le grand 106, qui rougit dans le dos de l'hôpital Lariboisière. Cette maison est tellement ancienne, tellement évidente pour les voyageurs du métro comme pour ceux du taxi qu'on se demande si elle n'est pas la maison de famille de l'arrondissement...

C'est d'elle que partent les légendes de la Chapelle. Les Parisiens de Saint-Philippe-du-Roule ou de la rue de Varenne y logent sans doute tous les dieux pervers des boulevards extérieurs, et ne connaissent de cette province que l'auberge d'amour dont rêvent les soldats et les sans-logis...

Le dimanche, des paquets d'ouvriers étrangers rôdent sous l'immense baldaquin du métro, s'arrêtent et se groupent autour des tapis des lutteurs, et parfois se sautent à la gorge pour une affaire d'apéritif ou de femme. Ces luttes sont courtes et muettes, car, depuis quelques mois, le refus possible du permis de travail ou de la carte d'identité a remplacé la fatalité et même la peur du gendarme dans l'imagination de ceux qui ont l'ardeur facile.

A la Chapelle, le dimanche est véritablement un dimanche, et la métamorphose du quartier est complète. Les grandes voitures, conduites par des industriels à moustache en patte de lapin, tournent autour de l'Étoile ou quittent Paris. Les boutiques sont fermées, hormis quelques charcuteries dont les patrons songent aux dîners froids de leurs coadministrés. Par grappes, par pelotons, les familles de fleuristes, de crémiers, de cordonniers et de zingueurs défilent entre la station Jaurès et le pont du chemin de fer du Nord, large morceau de boulevard aéré qui tient lieu de promenade des Anglais, de plage et de parc de Saint-Cloud.

Le mari, déjà juteux de vermouth, sifflote au derrière de ses fils. L'épouse fidèle et solide appuie sur le trottoir son pas de villageoise. La jeune fille à marier hume les fumets de l'Engadine-Express ou du Paris-Bucarest, qui emmènent son cœur loin des frontières géographiques et sentimentales. Les cafés retentissent de poules au gibier, de compétitions au billard russe. Tous ceux qui, pour une raison ou pour une autre, n'ont pas répondu aux appels de *l'Humanité* ou de quelque autre organisation donnent à la Chapelle une couleur bourgeoise, une atmosphère de considération que l'on ne trouve pas ailleurs...

Mais c'est le soir seulement que le quartier enfile son véritable costume et prend cet aspect fantastique et sordide que certains romanciers ont su rendre de

chic, comme on dit, et sans risquer le voyage. Le soir,
quand les rapides semblent prendre leur vitesse dans
le cœur même de Paris, quand les jeunes sportifs se
rassemblent devant les boutiques d'accessoires pour
automobiles et se mettent à parler vélo ou plongeon,
quand les matrones consentent à lâcher leur mari pour
une partie de cartes entre copains et que les cinémas
s'emplissent selon une cadence que l'on retrouve à la
consultation gratuite des hôpitaux, alors la Chapelle
est bien ce pays d'un merveilleux lugubre et prenant,
ce paradis des paumés, des mômes de la cloche et des
costauds qui ont l'honneur au bout de la langue et la
loyauté au bout des doigts, cet Éden sombre, dense et
nostalgique que les soldats célèbrent le soir dans les
chambrées pour venir à bout de l'ennui solitaire. C'est
aussi la Chapelle nocturne que je connais le mieux et
que je préfère. Elle a plus de chien, plus d'âme et plus
de résonance. Les rues en sont vides et mornes, encore
que le cri des trains de luxe lui envoie des vols de
cigognes... La file indienne des réverbères ne remplace pas la disparition de cette accumulation de
boutiques qui, de jour, rend le quartier comparable à
des souks africains. L'arrondissement tout entier
trempe dans l'encre. C'est l'heure des appels désespérés qui font des hommes des égaux et des poètes. Rue
de la Charbonnière, les prostituées en boutique,
comme à Amsterdam, donnent à l'endroit un spectacle
de jeu de cartes crasseuses. Des airs d'accordéon,
minces comme des fumées de cigarettes, s'échappent
des portes, et le Bal du Tourbillon commence à
saigner de sa bouche dure...

Un intérieur bourgeois, entrevu au second étage
d'un immeuble inattaquable et rigide comme une base

de pyramide, au lieu de communiquer des idées de suicide et d'obliger le promeneur à s'enfoncer dans la tristesse, fait au contraire naître en moi une singulière admiration pour des milliers et des milliers d'êtres que la vie condamne à l'appartement malsain, aux mensualités sordides et aux escaliers grouillants de bacilles, humanité que rien ne console.

Car ce qui manque le plus à la Chapelle, c'est une intimité. On ne peut saisir les rues ni les quartiers dont elle se compose : ils existent dans le tournoiement. On ne devine personne, on ne pince aucun type. Les gens de la Chapelle pensent à servir, à faire face aux commandes. L'œil est au jambon, à la limande, aux poireaux. On travaille. Et l'on y rase mieux, de plus près, plus doucement que sur les boulevards, où les coiffeurs à bagues parlent anglais et ne savent pas ce que c'est qu'une peau d'homme...

Bien que je n'y habite pas en ce moment — mais j'y retourne à chaque instant pour y retrouver mes chers fantômes, et j'y reviendrai peut-être un jour, honteux et repentant — je tiens ce que j'appelle mon quartier, c'est-à-dire ce dixième arrondissement, pour le plus poétique, le plus familial et le plus mystérieux de Paris. Avec ses deux gares, vastes music-halls où l'on est à la fois acteur et spectateur, avec son canal glacé comme une feuille de tremble et si tendre aux infiniment petits de l'âme, il a toujours nourri de force et de tristesse mon cœur et mes pas.

Il est bon d'avoir à la portée de l'œil une eau calme comme un potage de jade à la surface duquel cuisent des péniches, des passerelles aux courbes d'insectes

amoureux, des quais robustes et désespérés, des
fenêtres fermées sur des misères violentes, des boutiques pour lesquelles le métro aérien imite Wagner et
Zeus, des garnis lourds et bruns comme des algues, de
belles filles de boulevard poussées dans ce jardin
sévère avec la grâce littéraire des ancolies, des bou-
gnats, des trains qui ont la longueur d'un instant de
cafard, des chats qu'on sent lourds de moulins à café,
des potassons sédentaires, des bouifs centenaires, des
dentistes quaternaires... le tout auréolé des fumées des
trains et des bateaux qui barbouillent les ponts de
savon à barbe et font penser à la géographie. Bâle,
Zurich, Bucarest, Coire, Nancy, Nuremberg,
Mézières-Charleville, Reims et Prague, tous ces jouets
de la mémoire me viennent de la gare de l'Est...

Et puis, il y a les drames d'entre péniches, les coups
de blanc sur des zincs luisants comme des rails ; il y a
les amours verdâtres des chambres malsaines et
douces, la vie intérieure des concierges, le galop des
chevaux de brasseurs, les batailles des camions et des
marchés ; il y a les clients de passage et les habitants de
toujours, les démonstrations d'accordéons, des bals
comme le Tourbillon, les bancs, les entrepôts, les
escaliers, les sirènes, labyrinthes de sentiments et
d'allées et venues que mon cher Eugène Dabit avait
très bien sentis, lui qui était de mon coin, et du
bâtiment. On a bien essayé de rendre tout cela dans le
film arraché à son gentil et triste grand bouquin, mais
« ce n'est pas la même chose... »

Je suis encore en relations, dans ce quartier où
reposent mes souvenirs, avec des personnes qui l'ont
connu peu après l'époque des premiers chemins de
fer, et les sifflements ininterrompu des gares les

poussent à me citer des chiffres qui ont autant d'attraits pour mon imagination que la guerre des fourmis qu'on signale actuellement dans le Sud des États-Unis. Elles me parlent du temps où il y avait 812 kilomètres de voies ferrées en France, le tout ayant coûté 280 millions de francs. On allait de Paris à Rouen par les bateaux à vapeur, les *Étoile* et les *Dorade*. Le double aigle de 10 dollars-or valait 55 fr. 21. Les maîtres de poste vous louaient leurs chevaux à raison de 20 centimes le kilomètre... N'est-ce pas aussi beau que les contes d'Andersen ? Qui me racontait tout cela ? Ma mère, née en 1838, et qui avait de vieilles amies. Et lorsque nous nous réunissions, faubourg Saint-Martin, ou rue Château-Landon, pour bavarder, soit avec des patriarches de la Chapelle, soit avec de nobles dames de la rue Lafayette, Champs-Élysées de l'arrondissement, c'était pour parler de Paris comme de la capitale de la civilisation.

Nous étions alors isolés du monde, au Nord, par la barrière de Saint-Martin, à l'extrémité du faubourg. C'était une jolie rotonde composée de quatre péristyles en saillie, ornée de huit pilastres d'ordre toscan, le tout couronné par une galerie circulaire aux quatre colonnes accouplées soutenant vingt arcades. Cela vous avait une gueule de tous les tonnerres. Une de mes églises est toujours Saint-Laurent, décollée par la Révolution. Nous comptions parmi nos curiosités la Maison Royale de Santé, rue du faubourg Saint-Denis, l'Hospice des Incurables pour les hommes, faubourg Saint-Martin, l'Hôtel au Plat d'Étain, 256, rue Saint-Martin, d'où partaient les diligences. Puis vinrent s'ajouter progressivement, à ces bases anciennes, l'Hôpital Lariboisière, le Théâtre Molière,

la Maison de Santé Dubois, les gares, les grandes
épiceries, les belles boucheries, le métro, les cinémas,
les piscines, les cliniques pour chiens pauvres, les
Dents pour Tous, les stations de taxis et les postes de
radio. Sans parler de l'encombrement dont je ne dirai
rien, me souvenant à ce propos de ce qu'écrivait Pierre
Véron, en 1884 : « ... Les tramways, ces mastodontes
beuglants qui vont tout droit sans s'inquiéter de ce
qu'ils bousculent, de ce qu'ils tuent !... Les voitures-
réclame qui trimbalent dans les rues des boniments
ineptes... Avant cinq ans, la circulation s'exaspérant
de plus en plus, je défie qu'ils continuent à parcourir
le boulevard de Strasbourg, le boulevard de Sébastopol, etc... Il y aura impossibilité matérielle ! Quand les
tramways auront amené des encombrements de qua-
rante-huit heures, il faudra bien qu'on se décide à
nous délivrer de ces hippopotames du ruisseau ! Ça,
c'est sûr ! Je n'insiste pas ! Il n'y a qu'à attendre !... »
Cela fait rêver, n'est-ce pas ? Non pas à ce qui fut,
mais à ce qui sera...

Pour moi, le dixième, et que de fois ne l'ai-je pas
dit, est un quartier de poètes et de locomotives. Le
douzième aussi a ses locomotives, mais il a moins de
poètes. Mettons-nous d'accord sur ce mot. Point n'est
besoin d'écrire pour avoir de la poésie dans ses poches.
Il y a d'abord ceux qui écrivent, et qui constituent une
académie errante. Puis il y a ceux qui connaissent ces
secrets grâce auxquels le mariage de la sensibilité et du
quartier fabrique du bonheur. C'est pourquoi je pare
du noble titre de poète des charrons, des marchands
de vélos, des épiciers, des maraîchers, des fleuristes et
des serruriers de la rue Château-Landon ou de la rue
d'Aubervilliers, du quai de la Loire, de la rue du

Terrage et de la rue des Vinaigriers. A les voir, à leur
sourire en courant sur le trottoir gravé de fatigues, à
demander des nouvelles de leurs filles, à voir leurs fils
soldats, je me sens réjoui jusqu'aux écrous secrets de
mon vieux cœur sans haine.

Et puis, c'est encore chez nous, je veux dire dans le
dixième, que nous sentons le frôlement des fantômes
les plus purs. Descendus des verts maladifs des Buttes
Chaumont, jaillis des rails luisants comme un halage
de larmes, chassés des abattoirs, nés dans ce triangle
mystérieux formé par le faubourg Poissonnière, les
boulevards dits Grands, et le boulevard Magenta, nos
fantômes ne sont pas littéraires. Ils ne sont pas
fournisseurs de poésie pour films, ballets, vices,
costumes, mondanités affreuses. Ce sont des clochers
de Souvenirs, des gars de messageries, des spectres de
trains rapides, des farfadets de bureaux de poste. Ils
nous aident à vivre comme des pavés, des ardoises, des
gouttières. Ils font partie du même pâté, du même
caviar que les vivants. Et nous sommes là entre nous,
les vivants et les morts, exécutant notre devoir d'exis-
ter, sevrés d'élans, vers le vide des convenances et des
menaces...

Nos vies de famille, dans ce monde gris, savoureux
comme un gros pain au raisin, ce sont des vies de
bouquins et de plantes vertes, avec la cuisine tout
contre le cœur, l'oreille, oh! l'oreille maternelle à
portée de votre tendresse, le réveillon simple, des
destinées d'amis et de vieux frangins, le spectacle avec
la concierge, bref, tout un confort de lapins et de
fagots, avec ces airs de cornemuse jetés dans le ciel par
les locomotives de l'Est et du Nord, qui, si elles
emmènent parfois un mètre ou deux de détresse vers

la Suisse ou vers l'Allemagne, nous ramènent bientôt
aux odeurs puissantes et familières de la rue d'Alsace
ou de la rue Louis-Blanc. Cher vieux quartier, aux
féeries justes et douces comme des voies aimées...

Feu Montmartre

J'ai trouvé, me disait récemment un Anglais, pourquoi les Parisiens ne voyageaient pas : ils avaient
Montmartre. Car on voyage pour aller à Montmartre.
Canadiens, Sud-Américains en déplacement, Allemands ou Slaves achetaient des valises et sollicitaient
des passeports pour venir à Montmartre, Patrie des
Patries nocturnes. Un grand romancier disait un jour
que les quatre forteresses du monde occidental étaient
le Vatican, le Parlement Anglais, le Grand État-Major
Allemand, l'Académie Française. Il oubliait Montmartre, cinquième forteresse, plus imprenable peut-
être que les autres et qui survivra aux chambarde-
ments. Bien plus, Montmartre bénéficiera certainement d'un renouveau de poésie quand le monde aura
changé, comme on dit aujourd'hui. On écrira des vers
et on fera de la peinture dès qu'on parlera moins de
politique. Les rapins et les poètes de ces dernières
années en sont réduits à devenir militants et à
fréquenter des cercles révolutionnaires. Le congrès
des écrivains pour la Défense de la Culture est bourré
de bohèmes. Ils ont moralement déserté les hauteurs
de la rue Lepic pour prendre part au murmure

contemporain. Et il en est de Montmartre comme de
ces petites nations d'avant-guerre qui ne servent plus
qu'à la confection des opérettes, la Bosnie-Herzégo-
vine, par exemple. Montmartre meurt avec l'insouciance. Nous serons bientôt obligés d'inventer des
centenaires pour rappeler aux mémoires parisiennes
l'existence de ces quartiers qui disparaissent. La terre
à chansonniers et à caricaturistes devient stérile ; elle
ne donne plus naissance qu'aux marlous et aux
bourgeois. Et quant aux filles, qui, naguère encore,
inspiraient certains hommes, posaient devant d'autres, elles veulent aujourd'hui voter, finir à l'Opéra,
ou épouser un garagiste franc-maçon susceptible de
gagner à la Loterie Nationale. Cela serre le cœur des
vieux Parisiens qui, bien que ne connaissant Montmartre que par rues et jardinets, respiraient les
légendes de cette terre promise et se savaient entourés
d'artistes aussi joyeux de vivre, de boire, de mourir,
que désintéressés. Pour un vieux Parisien, espèce très
rare et qui tend à disparaître (j'en ai connu un, et
célèbre, qui prétendait que french-cancan était un mot
français), pour un vieux Parisien, Montmartre, le vrai
Montmartre était celui des cabarets et des poètes, à
commencer par le Lapin à Gill — on n'écrira Agile
que plus tard — où chantaient et « disaient » Delmet,
Hyspa et Montoya. On parlait de Pierrot, de Mimi
Pinson, de Belle Étoile et de Chevalier Printemps avec
un grand sérieux, tout à fait comme on parle aujour-
d'hui de communisme, de stratosphère et de radio-
phonie dans les taximètres. On vivait dans un monde
qui tenait à la fois d'un tableau de Watteau et d'un
jour de Mi-Carême. Des étudiants monoclés, vêtus
comme des notaires, parcouraient parfois les rues

en hurlant : « A bas le Boulangisme ! » « Vive la
Commode ! », répondaient les cousettes en caressant
les naseaux des chevaux de fiacre. Les amants avaient
des chapeaux melons. On mangeait pour rien, me
disait un soir Forain, et même pour moins que ça.
Willette, un des mandarins de la Butte, ou mamelle de
Paris, selon le mot de Rodolphe Salis, n'oubliait
jamais de faire remarquer aux journalistes qui
venaient l'interroger sur son art, que, tel Jésus entre
deux larrons, le Sacré-Cœur se dresse entre le Moulin
de la Galette et le Moulin Rouge. Le mendiant
chantait, le concierge chantait, l'oiseau, l'arbre, le
réverbère chantaient. Chez la blanchisseuse et chez
l'usurier, on était généralement accueilli par une de
ces romances que reprenait Eugénie Buffet. Seuls,
quelques agents de change ou marchands de canons de
l'époque disaient à leurs enfants que la Butte ne
nourrissait pas son homme, et les emmenaient voir
Louise, chef-d'œuvre topographique, carte d'état-
major à musique qui contient tout ce que Montmartre
a de sentimental, de charmant, de barbant, de léger,
de ridicule, de féminin et de pervers. J'ai vu *Louise*
dans une sous-préfecture, chantée par un ténor de
plate-forme d'autobus et une charmante demoiselle
qui n'avait jamais vu Montmartre. Charpentier, grand
musicien, a merveilleusement compris son affaire.
Tout le paysage montmartrois est là avec ses manières
particulières, ses mots, ses ombres et ses fantômes.
Rien n'évoque plus heureusement Paris que cet opéra
réussi qui aurait pu si facilement sombrer, la rue des
Martyrs, la rue Tardieu, lieux géométriques où la
petite bourgeoisie rencontrait et rencontre encore la
haute bohème, la rue Lepic, une des plus célèbres du

monde : avoir été charcutier rue Lepic est aussi honorable, sinon aussi historique que d'avoir été marchand de tableaux rue du Faubourg-Saint-Honoré ou marchand de cinéma avenue des Champs-Élysées. La rue Lepic est comme le fleuve de Montmartre qui arrose le pays, lance des affluents dans l'épaisseur du quartier, entretient la flore et produit des places qui ont plus d'importance dans l'histoire de la Troisième République qu'une nuée de ministres ou de décrets. Au sommet de la rue Tholozé s'aperçoit le Moulin de la Galette, musée de bals un peu prude malgré sa réputation de jambes en l'air. Le Moulin de la Galette où, il n'y a pas si longtemps, on débitait encore de la galette, et le Moulin Rouge, avant leur colonisation par des nègres sans exotisme, des Russes sans Russie, des peintres sans talent ni palette ni chevalet, des politiciens sans parti et des voyous sans occasions, ont été réellement habités par des artistes, au premier rang desquels il faut mettre Lautrec, et Maurice Utrillo, un des imagiers les plus vrais de Montmartre, le peintre d'histoire de cette Butte qui se présente aujourd'hui aux cervelles étonnées de nos futurs bacheliers avec tout le charme et le mystère de l'Égypte des Pharaons. Un œil exercé, une mémoire tendre ne se laissent pourtant pas prendre aux changements de décor. Il y a un Montmartre qui ne cédera qu'à la demande de la dynamite : la place du Tertre et son Coucou, où se réunissaient autrefois ceux de la Patrie française ; les restaurants et les terrasses de ce paysage à la fois artistique, alpin, politique, catholique, virgilien et bourgeois, où tous les Européens célèbres sans exception ont au moins pris un verre. Léon Daudet a bien raison d'écrire que Montmartre est un Paris dans Paris dont Clemenceau fut le maire. Un jour que je cheminais rue Lamarck, d'où l'on aperçoit tout le puzzle de la Capitale, avec un ami du Tigre qui avait fait le coup de feu pendant la Commune, nous fûmes abordés par un grand personnage de la République qui se trouvait à Montmartre en voyage officiel.

— Voyage officiel ? demanda l'ami de Clemenceau. Vous venez inaugurer une statue, créer une Loge ou décorer un peintre mort ?

— Pas du tout, je viens faire une démarche auprès d'un indigène qui ne se dérange pas. Montmartre a des parties communes avec l'Olympe, et c'est ici que je me suis créé mes plus belles relations : Zola, Donnay, Capus, Picasso, Utrillo, Max Jacob et même Vaillant...

Et le haut personnage nous entraîna sur la Butte chez Steinlen, qui vivait presque avec autant de chats que Léautaud. Steinlen était venu à Paris avec une lettre de recommandation pour un peintre inconnu dont on savait seulement qu'il vivait à Montmartre. Un cocher de fiacre avait fini par le dénicher dans l'ombre du Moulin de la Galette. Séduit par le décor, grisé par le charme de la population, par la couleur de la Montagne sacrée, Steinlen n'en voulut plus jamais « redescendre ». A quelque temps de là, bien avant la création de la Commune Libre de la Butte, de la Vache Enragée et autres corps constitués du dix-huitième arrondissement, Steinlen fut sacré citoyen de Montmartre. Il couchait jadis au Chat Noir avec Bruant et Jules Jouy, car le Chat Noir était connu à cette époque comme asile de nuit autant que comme cabaret.

Aujourd'hui Capitale des boîtes de nuit, Montmartre a été longtemps la plus charmante colonie de cafés que l'on puisse imaginer. Et une colonie peuplée de Français, ajoutait Jean Lorrain, qui venait retrouver au Rat Mort ses amis du *Courrier Français,* parmi lesquels naturellement Raoul Ponchon, resté homme de café envers et contre tout. Le Chat Noir et le Rat Mort accueillaient surtout les Parisiens illustres comme Forain, Chéret, Hermann-Paul, tandis que les bohèmes parfaits se réunissaient dans des caboulots moins connus où l'on pouvait les admirer dans le costume même que leur assigne Murger : le Mirliton, le Carillon, l'Ane Rouge, le Clou, Adèle, le Lapin Agile de Frédéric, déjà nommé, le Clairon de Sidi-Brahim, qui faisait rêver Mac Orlan, le Billard en Bois, le café Guerbois, chez le père Lathuile, sorte d'Académie des Beaux-Arts où présida Manet, la Nouvelle Athènes, et d'innombrables boutiques où ont crevé de faim des artistes si totalement obscurs qu'on ne sut jamais s'ils furent peintres, sculpteurs, graveurs, chansonniers, poètes ou philosophes.

Montmartre existe encore parce qu'il est pour la plupart de nos contemporains une jeunesse. Marie Laurencin, Derain, Mac Orlan, Salmon et tant d'autres qui contractèrent « là-haut » leurs plus fortes amitiés, le savent bien. Mais les années passeront. Les cafés, un à un, devront céder la place à des succursales de banques, à des garages. Les rapins, car il s'en trouve encore qui n'ont pas eu vent des changements, seront chassés comme des juifs. Des modèles feront du cinéma. Les poètes achèteront du linge à crédit et travailleront pour des agences de publicité. Il n'y aura plus rien. La jeunesse des hommes, et particulière-

ment des Français, passera autrement. Les noctambules seront peut-être fascistes...

Je me trouvais tout récemment dans un café assez
suspect du douzième arrondissement. Il y avait là
deux jeunes hommes tels que les fabrique notre année
1938, un mélange de sport, de politique, de modéra-
tion sexuelle et d'extravagance intellectuelle. Pas
d'alcool mais des quarts Vittel, un grand mépris des
femmes, une ignorance complète de ce que peuvent
être la liberté, le vagabondage, l'observation, la
paresse. L'un, qui disposait d'une voiture, demanda à
l'autre s'il pouvait l'emmener, et dans quel endroit de
Paris. A Montmartre, fut la réponse. Moi, tu sais, je
suis un peu artiste...

Rien n'est plus attristant que ce mot. Mais rien n'est
plus juste. Le seul fait de posséder un appartement
rue Caulaincourt ou rue des Abbesses, le seul fait de
fréquenter le théâtre de l'Atelier, le Gaumont-Palace,
le restaurant Marianne, le Studio 28 ou la brasserie
Graff vous transforme en artiste. Telle est la puissance
de ce quartier sur les hommes et leurs formules. Un
ministre peut-il habiter rue Lepic? Un consulat
accepterait-il de s'installer rue Damrémont? C'est
douteux. L'influence de l'histoire et des légendes
montmartroises est si forte, si lente à disparaître, que
les commerçants eux-mêmes de ce quartier privilégié
ont un parler, une âme différente, un regard délicieusement mystérieux et supérieur qui les distinguent de
leurs collègues de la place de l'Opéra ou du Rond-
Point des Champs-Élysées. Je ne sais plus quel est le
dessinateur qui me disait, un jour de lyrisme, alors
que nous achevions sur un banc de la place du Tertre
une nuit de printemps :

— Ce quartier-là n'est pas seulement la fleur à la boutonnière de Paris, mais l'honneur de l'humanité !

Cela fait un peu songer au sabre qui était le plus beau jour de la vie de M. Prudhomme. Mais comment ne pas comprendre, après de telles définitions, la fierté des gens de Montmartre, même quand ils sont, comme aujourd'hui, employés du P.M.U., danseurs congolais, revendeurs de voitures ou patrons de bars élégants ?

Cafés de Montmartre

Ma vie a été vécue de telle façon que je connais tous les cafés de Montmartre, tous les tabacs, toutes les brasseries. Quarante ans de voyages à pied dans ce pays formé par les frontières du dix-huitième et du neuvième arrondissements m'ont familiarisé avec les établissements de cette sorte de festival permanent qu'est Montmartre, depuis le caboulot sans chaises où, debout, face à face avec le patron, l'on ne peut choisir qu'entre trois bouteilles, jusqu'à la grande machine modern-style, avec inter-urbain, poissons rouges, cireur et fruits de la mer, depuis le café-restaurant de Nine, cher aux ministres radicaux et marseillais de Paris, depuis les bars en couloir d'autobus de la rue de Douai, jusqu'aux tabacs du boulevard de Clichy, dont la clientèle se renouvelle dix et cent fois par jour.

Cafés crasseux, cafés pour hommes du Milieu, cafés pour hommes sans sexe, pour dames seules, cafés de tôliers, cafés décorés à la munichoise, esclaves du ciment armé, de l'agence Havas, tous ces Noyaux, ces Pierrots, ces cafés aux noms anglais, ces bistrots de la rue Lepic, ces halls de la place Clichy, donnent asile

aux meilleurs clients du monde. Car le meilleur client
de café du monde est encore le Français, qui va au café
pour aller au café, pour y organiser des matches de
boissons, ou pour y entonner, avec des camarades, des
hymnes patriotiques.

Le soir, Montmartre ne vit que par ses cafés qui
entretiennent dans le quartier toute la lumière de la
vie. Rangés le long du fleuve-boulevard comme des
embarcations, ils sont à peu près tous spécialisés dans
une clientèle déterminée. Café des joueurs de saxo-
phone sans emploi, café des tailleurs arméniens, café
des coiffeurs espagnols, café pour femmes nues,
danseuses, maîtres d'hôtel, bookmakers, titis, le
moindre établissement semble avoir été conçu pour
servir à boire à des métiers précis ou à des vagabon-
dages qui ne font pas de doute. Un soir que j'accompa-
gnais chez lui un vieil ami qui avait fortement bu dans
divers bars de la rue Blanche, nous fûmes arrêtés par
un « guide » qui, nous prenant pour des étrangers,
nous proposa un petit stage dans des endroits « parisiens », et il insistait sur le mot. Nous lui fîmes
comprendre que nous étions plus parisiens que lui ;
puis, sur sa prière, nous le suivîmes dans des cafés où,
le service terminé, se réunissent des garçons et des
musiciens. Ils sont là dans l'intimité, chez eux, car ils
veulent aller au café aussi, comme des clients. On
nous servit « ce qu'il y a de meilleur ». Au petit jour,
mon compagnon, complètement ivre, me disait, tandis que nous longions des rues toujours éclairées :
« Montmartre est une lanterne aux mille facettes. »

Pour ceux qui se couchent à minuit, dédaigneux du
cabaret qu'on abandonne aux « vicieux » ou aux
étrangers, le chef-d'œuvre de cette illumination, c'est

le Wepler qui, pendant des années, est resté surmonté
d'un mur de planches couvert d'affiches et semblait
vivre sous un tunnel. J'aime cette grande boîte à
musique, importante comme un paquebot. Le Wepler
de la place Clichy est rempli de merveilles, comme le
Concours Lépine. Il y a d'abord à boire et à manger.
Et des salles partout, ouvertes, fermées, dissimulées.
La voilure amenée, ces salles sont habillées en un rien
de temps. Les femmes se distribuent suivant leurs
îlots, leurs sympathies, contre le décor et les boiseries
1900. Au milieu, composé de prix du Conservatoire,
l'orchestre joue son répertoire sentimental, ses sélec-
tions sur *Samson et Dalila*, *la Veuve joyeuse* ou *la
Fornarina*, avec de grands solos qui font oublier aux
dames du quartier leur ménage et leurs chaussettes.

Cette musique, entrecoupée de courants d'air et de
chutes de fourchettes, se déverse en torrents bienfaisants sur la clientèle spéciale qui rêvasse dans les
salles : rentiers cossus, vieux garçons sur lesquels la
grue tente son prestige, boursiers du second rayon,
fonctionnaires coloniaux, groupes d'habitués qui se
réunissent pour ne rien dire, solitaires, voyageurs de
commerce de bonne maison, quelques journalistes et
quelques peintres, qui ont à dîner ou qui ont dîné dans
le quartier. Les virtuosités de l'orchestre filent le long
des môles, traversées par les chocs des billes de
billard. Célèbres, les salles de billard du Wepler sont
immenses, composées et distribuées comme les carrés
de gazon d'un jardin. Les hommes du Milieu qui
hantent le Wepler ont des postes un peu partout dans
ce paysage de verreries. Mais ils se réunissent de
préférence au billard, à cause du spectacle... Il en est
d'une classe et d'une distinction spéciales, qui me font

songer à leurs anciens, Dutheil de l'Artigère, Gon-
zalès, Calvet, types confortables, gras et muets, aux
joues mates, aux cheveux bien lustrés, aux paupières
lourdes de sens. « Les amants des prostituées sont
heureux, dispos et repus »... Baudelaire dixit.

La grande salle de billard du Wepler a quelque
chose d'une Bourse. Des consommateurs se serrent la
main sans se connaître, mais il y a des années qu'ils
viennent là avec leurs dames, comme pour accomplir
une besogne précise et nocturne. Ce sont des
confrères, comme les coulissiers ou les mandataires.
Leur *place* entre dix heures et minuit est place Clichy,
et les verres absorbés finissent par devenir d'autres
articles de bureau. Aventuriers qui ne quittent jamais
Paris, commis aux cravates bien alignées, aux épau-
lettes américaines, bureaucrates qui citent parfois du
latin devant de vieux camarades de collège, professeurs de l'Enseignement Secondaire qu'aucun art n'a
tentés, neurasthéniques qui n'ont que cette heure
pour oublier la vie, l'absence d'épouse et le manque de
charme... Le Wepler est doux à toutes ces âmes ; il les
abrite, il les couve, il les choie...

Du temps que Jules Lemaître écrivait des préfaces
charmantes pour les contes du Chat Noir, Montmartre
fut la patrie des cafés dits célèbres, réservés à certains
initiés, où se réunissaient des artistes, poètes et
peintres, qui échangeaient des idées et contribuaient à
entretenir ce qu'on a appelé l'esprit parisien. On
travaillait, on rimait, on composait au café. Des
albums paraissaient, qui reproduisaient la peinture de
premier choix dont s'ornaient les cabarets. Aujour-
d'hui, cette peinture a pris le chemin des collections
particulières, et les mots d'esprit viennent surtout de

la Société des Nations... Il reste encore de la peinture chez Graff (chez Farg, comme me dit toujours avec admiration un garçon qui a l'habitude de lire à l'envers...). Mais quelle peinture ! Elle est pourtant à l'image de notre époque, romanpolicière et cinématographique, et les mères des danseuses nues de Tabarin qui hument la choucroute en attendant leurs filles la contemplent avec une satisfaction touchante. Le dernier café littéraire et artistique qui survécut à la révision des valeurs après la guerre fut le Franco-Italien, où Béraud, chaque soir, cueillait des grappes d'approbations dans des groupes de journalistes, qui avaient alors tout juste de quoi s'offrir un plat de spaghetti.

Mais le vrai café de Montmartre a changé. Il est parfois aussi accueillant qu'autrefois, et l'atmosphère qui s'y respire est toujours celle d'une vie de bohème. Mais le décor en a subi de profondes transformations. Le café de Montmartre, avec ses grues-loteries à jumelles et à couteaux suisses, ses dixièmes de billets de la Loterie Nationale, ses caramels, ses brioches, ses petits jeux, son billard russe, ses briquets, tient à la fois du garage et du bazar. On y achète autant qu'on y boit, et Boubouroche ne s'y trouverait plus à l'aise.

J'ai demandé un soir à un vieux joueur de manille, à la fois grand liseur de journaux, d'indicateurs, stratège, politicien et cocu, pourquoi il passait maintenant ses journées dans certains buffets de gares au lieu de choisir, comme faisaient ses ancêtres, un café de tout repos dans un endroit poétique. Cet habitué me répondit que, justement, il n'y avait plus de ces cafés de tout repos, où des ménagères hirsutes et baveuses venaient chercher leurs maris, comme cela se voyait dans les nouvelles de Courteline. D'abord, les dames vont au café aussi, soit qu'elles aient pris goût à l'alcool, soit qu'elles veuillent entendre de la musique, jouer aux courses, ou prendre part à des discussions féministes. Elles ont troublé l'atmosphère purement masculine des cafés d'autrefois. Puis, ce sont les adolescents qui se sont mis à occuper les banquettes pour y discuter sport, ou pour s'y livrer à des assauts de belote. Enfin, ce sont les patrons qui, manquant de tradition, ont innové dans leurs établissements des boissons modernes, américaines, mélangées, dont la saveur ou les noms ont vivement heurté le traditionalisme des vieux clients.

Le Montmartrois moderne, qui a eu tant d'illustrateurs, n'a pas encore trouvé son vrai peintre. Je pense à Chas Laborde, à Dignimont, à Utrillo. Tous en sont encore restés à l'après-guerre immédiate. A ce moment, le café semblait encore réservé, du moins à Montmartre, à une élite de la population artistique et boulevardière. Aujourd'hui, ce sont les représentants de toutes les fractions du peuple français qui ont pris possession du zinc, du velours ou du cuir, à commencer par les propriétaires des petites Renault, achetées d'occasion, qui en ont eu assez un beau jour d'être comme tenus à l'écart des réjouissances. Un vrai café montmartrois, je n'en nommerai aucun, vit en 1938 sous le double « signe » du grouillement et du banal. On y voit une famille de charcutiers fort bien mis et dont les fils sont bacheliers, un garagiste en compagnie de sa maîtresse, serpentée de renard argenté, un légionnaire en permission, un chansonnier politique en herbe, des champions de vélo, des envoyés spéciaux de grands journaux qui vivotent dans le quartier entre deux enquêtes, quelques juifs sarrois, un agrégé, un pion, un clown, un boxeur, une lingère, un futur auteur dramatique, et quelques poules de théâtre usées et qui s'assomment à ressembler à des bourgeoises. Qui se lèvera pour détailler une chanson triste, ou quelques couplets qui feront de leur auteur, plus tard, un académicien distingué ? Personne. Celui qui se lèverait ne serait pas pris au sérieux.

Plus loin, le vrai quartier des artistes, avec ses cafés pittoresques, bourrés de Petite Histoire, ce bloc formé par les rues Saint-Vincent, Saint-Rustique ou des Saules, l'ancien village, la rue Lamarck et les Moulins, a été « modernisé » à son tour par la percée de l'avenue Junot. Daragnès, un des princes de cette nouvelle voie, sent très bien que les brasseries montmartroises ont fait leur temps, qu'une autre guerre a passé par là, celle du ciment, du jazz, du haut-parleur, et quand il va au café, c'est à l'autre bout de Paris, sur la rive Gauche éternelle, chez Lipp ou aux Deux Magots, qu'il va chercher des vitamines.

Les cafés de Montmartre sont morts. Ils ont été remplacés par des débits, des bars ou des grills. Je connais pourtant un petit bistrot, un Bois et Charbons, où le bonheur et le pittoresque se conçoivent encore. Les propriétaires du fonds, Auvergnats de père en fils, ont connu des gens célèbres, jadis, et conservent à l'égard du client une bonhomie qui n'est plus admise ailleurs, chez les émancipés de la ville moderne. Des jambons de province y pendent qui ne sont pas des jambons d'hostellerie. Quelques prostituées s'y réfugient, après avoir abandonné sur le seuil de la porte leurs préoccupations professionnelles. On y reçoit encore des rapins à gibus, qui croient à la gratuité de l'art et à la misère des peintres ; des affranchis dont la bassesse est maniérée comme celle des gaillards de Steinlen ou de Charles-Louis Philippe. Enfin, détail exquis, le patron avait préparé, vers 1925, une pancarte qu'il n'ose plus exhiber, une pancarte qui dit bien que la douceur de vivre s'est évaporée comme une rosée, un charmant avis, qu'il se proposait de placer dans sa devanture, entre un pot de géraniums et un jeu de dames, un texte que, seule, la dignité montmartroise autorisait : « Le patron joue aux cartes... »

Aujourd'hui, il est bien obligé d'attendre le règlement des conflits avant de se risquer à provoquer des passants moroses, anxieux et avares...

Le Bœuf sur le Toit

Si j'avais à écrire une histoire de France d'après-guerre, je ferais une place à part au « Bœuf sur le Toit », sorte d'académie du snobisme qui donne en outre la clef d'une foule de liaisons, de contrats et de mouvements, tant littéraires que politiques ou sexuels.

Le « Bœuf sur le Toit » date de 1920. Moyses, très éprouvé par la guerre, gagnant péniblement sa vie dans les Ardennes, plaçant à droite et à gauche de l'article de Paris, du ruban, du bijou, monté sur sa bicyclette à boîte, arriva à toute vitesse à Paris dans la hâte de trouver une affaire. En rôdant, il dénicha rue Duphot, à deux pas de Prunier, un tout petit bar-lavabo, qui s'appelait « Gaïa », Gaïa, qui vendait fort mal son porto. Moyses dévissa son stylographe et fit presque aussitôt la connaissance d'un groupe d'artistes : Arthur Rubinstein, Picasso, Germaine Tailleferre, Cocteau, dix autres, qui s'emballèrent instantanément sur lui.

Moyses était ce qu'il est resté, grand, costaud, coloré, charnu, cordial, l'amitié grande ouverte, la poignée de main bonne. Il s'agitait, il bafouillait en riant, il était partout à la fois, toujours amical et malin, l'air serviable, au courant, plein de tact, ne manquant pas de l'usage du monde. Le bar était-il plein comme un œuf, il s'arrangeait pour que l'habitué, l'ami ou l'inconnu qui arrivait tard, trouvât toujours une table, un coin, un renfoncement. En cinq coups de cuiller à pot, Gaïa fut à la mode.

L'endroit faisait jeune. La gaieté y fusait de toutes parts, juteuse, nouvelle, centripète, et Paris de rappliquer.

Un Tout-Paris qui ne dédaignait pas de mettre la main à la pâte. Tour à tour, un peintre, un poète allaient prendre possession du jazz. Les femmes qui lançaient les modes d'alors dansaient comme chez elles, le maquillage franc, le corps secrètement disponible. Ah ! si j'osais m'étendre sur quelques bonnes fortunes de ce bon temps ! Mais déjà les carreaux de la boîte volaient en éclats en même temps que sa renommée s'infiltrait dans les coins les plus barricadés de la capitale. La compagnie des Six venait de se créer sous le patronage d'Erik Satie, vrai maître, inventeur d'une musique « maisonnière ». Les Six furent Auric, Poulenc, Honegger, Germaine Tailleferre, Durey et Darius Milhaud. Groupe délicieux, dans le sillage duquel évoluait une sorte de collégien de génie, when they are so clever, they never live long, Raymond Radiguet. Au-dessus de ce bouillonnement de trouvailles, de sonates, de sauces anglaises et d'adultères rapides, s'élevait le petit soleil de la gloire d'Apollinaire.

Un jour, pourtant, il fallut déménager. Moyses, qui est resté grand sourcier, découvre un beau jour, rue Boissy-d'Anglas, de part et d'autre d'une porte

cochère où se tenait provisoirement un campement
de... jeunes, une boutique louche à l'enseigne de Paris
la Nuit. On commença par la vider comme un mulet,
par l'asperger, avant d'y accueillir les gens du monde
en état de prurit artistique. Le vrai « Bœuf » était né.
Le vrai « Bœuf » fut celui de la rue Boissy-d'Anglas.
On y était un peu plus au large, un peu moins serré
qu'à « Gaïa » et l'on y poussait de petits cris en y
apercevant ces nouveautés dans le décor qui foison-
nent aujourd'hui à Saint-Jean-Pied-de-Port ou à
Mareuil-sur-le-Lay : lampes-appliques et abat-jour en
parchemin. Dans le domaine spirituel, l'école Dada
succédait au groupe des Six, et les belles snobs aux
cuisses si douces chantaient :

> *Buvez du lait d'oiseau,*
> *Mangez du veau !*

Le « Bœuf » de la rue Boissy-d'Anglas était constitué par deux boutiques, un restaurant et un dancing,
sortes de vases communicants entre lesquels, par la
cour obscure, on faisait la navette en s'embrassant ou
en se tapant, au sens le plus financier du terme. Le
Tout-Paris qui ne peut tenir en place, qui s'ennuie,
qui change dix fois de crèmerie dans la soirée pour fuir
quelque chose qu'il ne fuira jamais, faisait régulièrement irruption au « Bœuf » et n'en bougeait plus. On
voyait là le Bottin Mondain, le Sport, l'Annuaire des
Artistes, la Banque, le Chantage qui se faisaient
risette. Une belle salle de répétition générale à chaque
coup. Marcel Proust s'y risquait souvent, amusé et
gentil. Un soir que je bavardais avec Raymonde
Linossier, l'avocate, j'aperçus Proust dans une forme

excellente. Je ne sais plus si je voulais lui adresser la parole ou faire un pas vers lui, mais à ce moment ma compagne fut brusquement prise à partie par un vague gigolo du bar, nommé Delgado, qui la traita d'institutrice et l'accusa sans raison de porter des bottines à élastiques. Je me précipitai sur le bonhomme auquel Proust, très gentilhomme, fit immédiatement remettre sa carte. Mais le Delgado se dégonfla piteusement et disparut. Le lendemain, nous apprenions qu'il avait succombé dans la nuit même à un ulcère à l'estomac !

Le jazz du « Bœuf », qui fut un des tout premiers de Paris, attirait rue Boissy-d'Anglas les clients les plus divers. Eugène Merle y fit la connaissance de futurs surréalistes, Henry Torrès celle de Cocteau, Beucler y apprit qu'on lui avait décerné à Hollywood un premier prix de scénarios, Joseph Kessel y réglait des additions formidables. Quand j'y pénétrai à mon tour, j'eus le sentiment d'entrer dans une chambrée fantastique, ballet de plastrons, d'épaules, de décorations, de monocles, de futurs académiciens, ministres, escrocs, et de belles poules que dirigeait un délicieux nègre, nommé Vance, mécène et compositeur à ses moments perdus. A côté de Vance se tenait, autre magicien, le chanteur Barrams, dont un de nos amis fut si amoureux qu'il en pleurait dans le gilet de ses voisins. Informé, et comment ! de cette passion, Barrams, qui ne songeait qu'à défendre son beefsteak, jetait de toutes parts des regards courroucés et charbonneux, quelque fille assise chastement derrière lui. Et le Tout-Paris de chuchoter. Moyses avait raison : c'était le bon temps !

Or, toutes les boîtes du quartier, à commencer par Maxim's, et des jaloux de la concurrence, n'allaient pas tarder à porter plainte contre le « Bœuf » sous le prétexte que Moyses n'avait pas la permission de la nuit. Le commissaire divisionnaire, Peyrot des Gachons, homme d'esprit, Berrichon notoire et protégé du président Forichon, fit bientôt une première apparition officielle sur le seuil de la porte. Il n'y eut d'abord qu'un échange de répliques. Mais, à partir de ce jour, le commissaire revint tous les soirs. Justement, c'était l'époque où le « Bœuf » n'ignorait pas seulement ce que c'était que l'heure réglementaire, mais le petit jour, la mesure, le silence. Un jour, précisément, que M. Peyrot des Gachons risquait un œil dans ce « Bœuf », ce fut pour voir Jef Kessel enfoncer d'un coup de poing, jusqu'à la pomme d'Adam, le haut-de-forme d'un mondain insolent. Celui-ci, soudain masqué par une cheminée de locomotive, battait des nageoires au beau milieu du dancing et se faisait guider par sa femme comme un aveugle. Un autre jour, c'était le groupe Picabia qui exposait cet *Œil Cacodylate* que la clientèle, un peu estomaquée quand même, admirait sans réserves, soutenue par un bataillon d'esthètes anglais, de sculpteurs monténégrins et de marchands de cocaïne prudents. Ceci est à noter. Le « Bœuf » fut toujours irréprochable : trafiquants de drogue ou de perles, laveurs de chèques eurent généralement le bon goût de garder leur marchandise dans leurs poches.

Les difficultés avec la police ne cessèrent que sur l'intervention de M. Bader, des Galeries Lafayette, et Moyses obtint enfin l'autorisation de la nuit. Mais la maison bourgeoise dans laquelle s'incrustait le bar ne se tint pas pour battue. Après avoir compté sur l'extérieur pour la délivrer, elle se rabattit sur l'inté-

rieur. Cela fit songer aux dernières cartouches de
Bazeilles. La veuve d'un notaire fameux groupa les
locataires de l'immeuble en un faisceau, se plaignit, au
nom d'une association, de ne pas avoir fermé l'œil
depuis des années, et arracha à l'Administration
l'expulsion de Moyses. Une crise allait commencer.
Le « Bœuf » s'installa dans la même rue, en face de ses
propres souvenirs, dans une boîte qui portait la
guigne, et ne put s'y tenir. C'est alors que l'on prit le
chemin de la rue de Penthièvre, avec le grand
Chobillon, ancien saint-cyrien, comme gérant.

Le « Bœuf » de la rue de Penthièvre était encore le
« Bœuf ». Mais déjà se mêlait aux habitués du type
mondain-artiste une clientèle nouvelle composée de
gigolos encore au lycée et d'employés de commerce
qui eurent le front d'organiser des banquets corpora-
tifs dans le sous-sol. Bien sûr, on y vit Damia, et
d'autres, à ces fêtes, mais un banquet est un banquet,
et le groupe initial ne faisait plus que de courtes
apparitions dans le quartier. Il avait horreur de ces
jeunes filles à cocktails qui conduisent ventre à terre
dans Paris, et de ces administrateurs, habitués, depuis
qu'il y a des bars, à jeter leurs mégots dans les
soucoupes des autres. De la rue de Penthièvre aussi il
fallut partir un jour. Moyses, dont la sœur venait de se
marier avec Henrion, qui prenait le « Grand Écart »,
se mit à la recherche d'un endroit nouveau et s'arrêta à
l'avenue Pierre-Ier-de-Serbie, où fréquentent, me dit-
on, des snobs en rupture de smoking, toujours un peu
en extase devant les métèques du cinéma qui hantent
les hôtels voisins et se hasardent parfois à venir
prendre un verre au « Bœuf », avec le sentiment de

s'encanailler et de frôler le vice parisien, et dont Moyses saura bien s'absterger.

Quant à ceux de la bande Boissy-d'Anglas, ils ont des enfants, des dettes, des postes. J'en rencontre parfois au coin d'une rue ou dans le salon de quelque vieille dame. C'est à peine si nous échangeons une poignée de souvenirs...

Cafés des Champs-Élysées

Il y a des cafés qui éclatent d'atmosphère, même quand ils sont vides. Des cafés qui sont, par eux-mêmes, de bons rabicoins, et qui se satisfont d'une confortable célébrité de statue ou de paysage. Tel est encore le café Lipp, tout chaud d'âme et d'intimité. Tels furent jadis le Clairon de Sidi-Brahim de la place du Tertre, ou le Chat Noir, du temps que Narcisse Lebeau rimait :

> *Dans le passage Vivienne,*
> *Elle me dit : Je suis d'la Vienne.*
> *Et elle ajouta :*
> *J'habite chez mon oncle,*
> *C'est le frère à papa.*
> *Je lui soigne un furoncle,*
> *C'est un sort plein d'appas.*
> *Je devais r'trouver la donzelle*
> *Passage Bonne-Nouvelle.*
> *Mais en vain je l'attendis*
> *Passage Brady...*
>
> *. . . . .*
> *Les voilà bien, les amours de passage!...*

Comme on le voit, les Parisiens, à cette époque, ne connaissaient pas l'angoisse, et ce genre de petits poèmes faisait fureur. Les cafés ont changé d'aspect, mais les amours de passage demeurent... C'est même un peu à une femme que je dois d'avoir connu les cafés des Champs-Élysées, si différents des autres, et qui ne supporteraient pas sans mourir l'absence des clients. Mon excellent confrère François Fosca a écrit que les cafés parisiens étaient trop nombreux, et qu'il faudrait certainement des années pour les visiter et pénétrer leurs secrets. Ceci est exact, si l'on considère la multitude des établissements, leur variété et leur tournure. Pourtant, il ne faut pas plus d'une journée pour se livrer à une enquête approfondie dans un quartier précis. C'est à une femme, je le répète, que je dois d'avoir pris contact avec les grandes verrières des Champs-Élysées. Et quand je dis à une femme, c'est, comme on le verra, façon de parler.

Rien ne désignait spécialement les Champs-Élysées au rôle de Foire aux Cafés qu'ils sont devenus en peu d'années. Foire aux Cafés qui va même parfois jusqu'à la foire d'empoigne. C'est là, en effet, que se jouent à peu près toutes les parties du commerce parisien. Pourtant, la denrée en vogue, du Rond-Point à l'Étoile, est d'abord le cinéma. Sont-ce les cafés des Champs-Élysées qui ont donné naissance au marché cinématographique ? Est-ce le cinéma qui a fait sortir du bitume tant de terrasses ? Telle est la double question que je me posais, un matin, au Select, en attendant, devant un quart Vichy, disons-le, une admiratrice. Celle-ci, que je ne connaissais que par son écriture, m'avait écrit de province pour me donner rendez-vous avenue des Champs-Élysées, au Select précisément. Elle désirait avoir mon avis sur un certain nombre de problèmes, dont le premier mettait en relief la nécessité où elle se trouvait de faire du cinéma pour être heureuse. Pourquoi s'adressait-elle à moi ? Je veux bien croire, puisqu'elle le spécifiait, que c'est parce que nos grand-mères s'étaient autrefois connues dans le Berry, et qu'elle-même avait composé quelques poèmes en prose avant d'être visitée par le Démon de l'Écran. Bref, averti que, la photo aidant, on me reconnaîtrait facilement, j'attendais devant mon quart Vichy, en remuant dans ma tête les conseils de prudence que je pouvais donner à une jeune provinciale.

Le Select commençait de vivre. Dans la salle du fond, plus obscure et comme secrète, des oisifs s'engageaient déjà dans des parties de cartes qui dureraient jusqu'au déjeuner. Non pas des joueurs de cartes comme ceux de Toulon ou des bars de Ménilmontant, tous chômeurs joyeux, rentiers corrects ou bricoleurs sincères, mais des personnages singulièrement sérieux, préoccupés, noceurs sans argent, anarchistes du snobisme ou resquilleurs de la belle vie, qui subsistaient grâce à de savants dosages de cafés-crème. Ils jouaient dans un silence de complot, avec une application de bureaucrates. Peu à peu, la grande salle s'emplit de gigolos qui fuyaient le lycée, un bouquin dans la poche, de journalistes sans journaux, et de ces fils à papa besogneux qui attendent du ciel parisien que les situations leur tombent toutes rôties dans la bouche. On commandait les premiers cocktails. J'avais le sentiment de me trouver dans le salon d'attente de quelque professeur d'aventure, ou dans une gare cosmopolite où chacun espérait un train merveilleux à destination de la fortune. Impression que l'arrivée de *Paris-Midi*, sur lequel on se jetait comme sur un communiqué officiel, renforçait encore. Quant à ma provinciale, d'elle pas la moindre trace. Il y avait bien des femmes, cousues aux tables comme des ornements, et toutes assurément rêvaient au film qui les sauverait de la médiocrité, mais aucune ne portait le signe provincial, aucune n'était venue à un rendez-vous...

L'heure de l'apéritif marqua le départ de quelques joueurs de bridge, et l'entrée en groupe d'un haut personnel cinématographique, discrètement salué par les disponibles de toutes sortes. Le haut personnel cinématographique, qui venait, selon toute vraisemblance, de s'éveiller, semblait de mauvaise humeur. Les ordres furent transmis aux garçons dans un français dont les hésitations ou l'accent trahissaient tantôt le russe, tantôt l'anglais, tantôt l'allemand, tantôt le hongrois et tantôt un idiome inconnu. Le café-crème l'emportait nettement sur les vermouths, picons, vins sucrés ou alcools. C'était dans ce lieu une véritable nourriture. De fortes épouses, aux bijoux voyants et grisâtres comme des autos d'avant-guerre, vinrent bientôt retrouver les membres de l'état-major du film. On parlait millions, centaines de mille francs, pellicules, histoire de France, studios. Et pourtant, il était plus que certain que le plus important de ces personnages n'avait ni bureaux, ni employés, ni domicile. La grande affaire était de monter une société. On commence par engager en principe des acteurs, on téléphone à des distributeurs, on fait miroiter de gros bénéfices possibles devant les directeurs de salles, et l'on se procure ainsi une dizaine de mille francs, qui servent à régler des notes d'hôtels ou des taxis qui attendent. Puis, on cherche ce qui s'appelle un scénario, on écrit aux artistes, on décommande les distributeurs : on entre tout vivant dans un cauchemar de cafés-crème, d'annuaires téléphoniques, de projets, on croit à ce qu'on dit, on ne dit pas ce qu'on croit, on se satisfait de mots, de promesses, on re-commande des cafés-crème, on câble à des êtres imaginaires, qui acquièrent de ce fait une espèce d'existence, on attend des réponses, on caresse des esquisses de films propres à bouleverser Paris, et l'on s'aperçoit finalement qu'il est quatre heures de l'après-midi. Alors, on décampe, on va installer un camp de conversation dans un autre café, et l'on recommence à divaguer avec une abondance telle que le souci du lendemain n'ose jamais se lever dans l'âme...

Il est, au Select comme ailleurs, une clientèle de Parisiens sensés qui ont juste le temps d'avaler un apéro avant de déjeuner dans le quartier, des Parisiens qui travaillent sans espérer à faux et sur lesquels, cependant, ces rêveries, ce culot monotone et cette blaguologie, « comme on dit au village », font impression. Des demoiselles qui n'ont pas encore mal tourné n'en finissent pas de dévisager ce bataillon de Russes, de Bavarois, de Viennois, de Polonais, d'Américains pour bals champêtres, d'où s'élèvent des fumées prometteuses. Voici bientôt cinq ans que ces faux banquiers, ces faux producteurs parlent et reparlent des mêmes choses sans bouger de place, et il se trouve encore des consommateurs pour envier leur sort. Pas un qui ait mis un film debout, si l'on peut dire, et, pourtant, le courage de continuer à cafécrémer au Select ne l'abandonne pas. Mon voisin de gauche caresse de sa main ganglionnée de bagues un paquet sur lequel je lis l'adresse de quelque personnage californien. Le paquet s'en ira dans l'inconnu et, des mois durant, l'expéditeur vivra de revenus d'espérance. Peu d'escrocs, assurément, dans cette clientèle des Champs-Élysées. Des fous. Les escrocs sont occupés. Ils tournent réellement. Ceux qui demeurent assis sont des intoxiqués à leur manière. Le cinéma a remplacé pour eux les mystiques agonisantes de leur pays...

Je me proposais de révéler toutes ces choses à ma provinciale. Mais celle-ci ne se montrait pas. Déjà, les gens sérieux du quartier, entrés là par habitude, reprenaient le chemin de leurs occupations. Les autobus remontaient, vers les ateliers ou les bureaux, les Parisiens de la couture ou de l'automobile. Seuls restaient à leur table les grands malades du cinéma. Un frisson d'inquiétude parfois traversait l'établissement. L'obligation de payer certaines notes se lisait sur des visages de faiseurs de films. Admirablement insensibles à ces espérances ou à ces angoisses, les garçons passaient, polis et mécaniques, entre les tables.

Vexé comme celui qui aurait attendu en vain une jolie femme sous les yeux de la foule, je pris brusquement la résolution de sortir et d'aller déjeuner. Quand on sort d'un immeuble quelconque des Champs-Élysées, on a la sensation du large. Je me promenai longuement, comme sur un pont de paquebot, avant d'entrer au Fouquet's, capitale indiscutée de l'endroit. Si le Select absorbe comme une administration ce que

le quartier a de plus douteux, de plus éphémère, le
Fouquet's ne donne asile qu'à ce que Paris compte de
moins contestable. On va au Select, on a l'air d'être
reçu chez Fouquet. Le haut personnel cinématographique, qui, de temps à autre, a besoin de changer
d'air, quand il vient au Fouquet's choisit de préférence
le soir et se confine dans les coins. Par coquetterie, dit-
il, il tient la terrasse jusqu'aux premiers froids un peu
vifs. A la vérité, il est profondément humilié par la
clientèle heureuse de vivre du Fouquet's, dans laquelle
il reconnaît ceux qui font pour de bon d'authentiques
films et qui passent dans les salles. Il voit Tourneur,
au nom prédestiné, Raimu, qui ne passe pas inaperçu,
Murat, Pierre Benoit, qui fit des dialogues, tous gens
qui ne rêvent pas. D'autres encore, mêlés au monde
de la Bourse ou à celui des Courses, et pour qui le
Fouquet's à la cuisine excellente est une antichambre
délicieuse.

Fouquet's est un de ces endroits qui ne peuvent
passer de mode qu'à la suite, il faut bien le dire, d'un
bombardement. Et encore ! D'autres cafés, d'autres
restaurants périclitent, perdent leur clientèle, ferment
leurs portes et font faillite. Le Fouquet's persiste,
comme un organe indispensable au bon fonctionnement de la santé parisienne. C'est un endroit à potins
d'hommes, car les hommes sont aussi concierges que
les femmes. C'est là qu'en des temps de rentrées les
hommes vont se conter leurs bonnes fortunes de l'été.
C'est là qu'ils se mendient des tuyaux de Bourse ou de
Courses dont la plupart n'ont pas besoin, car le
Fouquet's peut se vanter de donner asile aux grosses
fortunes, mais, comme dit l'autre, il faut bien vivre
comme on vit à Paris... Quel Paul Bourget nous

donnera le roman de l'homme-avion, de l'homme-cocktail, à la fois sportif et mondain, affecté et cultivé, insupportable et charmant, des années 1930-1938 ? S'il existe et qu'il manque de documentation, qu'il aille au Fouquet's, Bibliothèque Nationale du parisianisme élégant.

A qui souvient-il encore de l'époque où, sur le plan des cafés, les Champs-Élysées ne brillaient que par le Fouquet's ? Ils étaient nobles et nus. Soudain, des cafés ont surgi comme une équipe de coureurs ! Le Berry, devenu le Triomphe, le Colisée, le Marignan, le Longchamp, le Normandy, le Florian, flanqués des escadrilles de « George V », de « Champs-Élysées », de « Marly ». Une vraie flotte. Il semble qu'il y ait eu dans le passé une nuit pendant laquelle les Parisiens auraient pris d'assaut ces établissements nouveaux, étincelants, immenses ou minuscules, qui surgirent l'un après l'autre du vieux trottoir... D'où vient cette clientèle, qui s'étale comme un auditoire électoral, les soirs d'été, jusqu'au passage des taxis ? Entre ces expositions d'apéritifs et ces cascades de café-crème, les cinémas éclatent comme des feux d'artifice, les carrossiers font des merveilles d'incendie. L'avenue devient une des plus éclairées, des plus fréquentées de l'Europe. La clientèle est venue de toutes les Capitales à la fois pour goûter à nos huîtres, pour se mêler à nos mannequins, à nos directeurs de maisons de couture, clientèle pourrie malheureusement en son centre, comme une prune par un ver, par le peloton de cinéastes errants qui vont depuis vingt ans du Select au Fouquet's, du Fouquet's au Triomphe et du Triomphe au Select, dans l'espoir de trouver non pas les cent mille francs qui manquent encore pour donner le premier tour de manivelle, non pas la star qui fera frémir d'aise les provinces, mais le hasard qui les dégoûtera du cinéma...

En quittant ce jour-là le Fouquet's, je ne me décidai pas à abandonner le quartier sans avoir jeté un coup d'œil, par acquit de conscience, dans les cafés. La crainte de savoir que ma provinciale avait pu être happée au passage par le monstre cinéma me tourmentait autant que l'espoir, très humain, de faire sa connaissance. Pouvais-je faire mieux que de m'offrir à la vue des clients des cafés ? Personne, hélas, ne se leva pour me reconnaître. Lorsque je m'éloignai enfin de l'avenue, je la vis brusquement, ce soir d'automne, comme une immense plage formée par la réunion de tous les cafés où les Parisiens viennent prendre un bain de fraîcheur et de lune, après dîner. Et l'on sent très bien, le Fouquet's mis à part, que tous ces établissements où personne ne se connaît, où l'on manque parfois ses rendez-vous, où l'on se tasse comme pour une cérémonie, sont placés « sous le signe » éphémère des plages. Il suffirait que la clientèle se portât en masse vers un autre endroit de Paris pour qu'ils se volatilisent. Le Fouquet's, seul, émergerait vivant du brouillard, et, plus bas, le Francis d'une part, le Rond-Point, de l'autre, que font vivre et durer les théâtres, les couturiers et les journalistes. Aujourd'hui, les Champs-Élysées sont aux cafés. D'autres, d'ici quelques mois, naîtront sans doute sur ce trajet unique au monde. Mais, demain ?

Passy-Auteuil

Un vieil ami, que j'ai malheureusement perdu de vue, mais dont je n'oublierai jamais qu'il s'était enrichi dans la vente d'un excellent chocolat, prit un jour la résolution d'installer dans ses meubles, avec quelques Renoir et un matelas de tapis d'origine, une splendide maîtresse qu'il avait pêchée dans une pâtisserie du Quartier latin. Une belle fille au teint abricot, aux cheveux gras, couleur d'encre à stylo, et qui, je crois, n'avait jamais quitté le boulevard Saint-Michel que pour aller montrer ses jambes aux Folies-Bergère. Le couple orienta ses recherches vers ce pays inconnu de lui qu'il nommait, avec une certaine admiration, Passy-Auteuil. Une bonne voiture de bourgeois assuré de vieillir sans angoisse les conduisit d'abord avenue Mozart, mais aucun appartement ne convint à leurs yeux. Ce qu'ils voyaient était trop petit ou trop grand. A la vérité, la demoiselle était déçue. Ce grand village tranquille et propret qu'elle découvrait après le curieux Trocadéro ne lui convenait qu'à demi. Elle n'apercevait ni dancings, ni cinémas, ni bars, ni restaurants. Et, brusquement, elle renonça à la félicité qu'on lui avait fait entrevoir : elle avait peur de se trouver seule, abandonnée, perdue dans une foule nouvelle qui ne comporterait que très peu d'éléments nettement parisiens. On la reconduisit à l'angle de la rue des Écoles et du boulevard Saint-Michel, où elle vit encore dans l'atmosphère de cris et de galopades du Quartier latin. Beaucoup de Parisiens font le même raisonnement. Passy-Auteuil est « trop loin, trop calme, trop nouveau... »

J'ai habité Passy autrefois, du temps que j'allais au lycée Janson. Mes parents avaient un appartement rue Gustave-Courbet. A cette époque, l'avenue qui va du Trocadéro au Rond-Point de Longchamp était presque toute en terrains vagues, souvent dépourvus de palissades, et l'on y pouvait apercevoir des veines géologiques avec leurs fossiles. L'avenue Victor-Hugo d'aujourd'hui s'appelait alors l'avenue d'Eylau. Ce changement de nom n'a guère été suivi d'un changement d'aspect. La même et grande pâtisserie souffle toujours son haleine tiède au coin de la rue de la Pompe, accueillante aux dames bien nées qui se restaurent de crème fouettée ou de parmesanes, avant ou après l'adultère rapide de notre temps. La maison Thominet, si bien pourvue en boîtes de couleurs, en pinceliers, en balais divers, en râpes, en insecticides, en peaux de chat, existe toujours, très digne. Il y a bien, en plus, quelque deux ou trois bijoutiers et poissonniers qui n'ont rien apporté de nouveau à ce quartier pour rentiers. Mais il n'y manque vraiment que l'hôtel de Victor Hugo, le petit hôtel à deux étages, coiffé de son toit plat.

La rue de Passy, elle, a passé par les studios modernes. Elle a posé pour l'opérateur d'actualités. Elle dégage dans le ciel parisien de bonnes et rassurantes odeurs de frigidaires et de postes de T.S.F., qui « prennent » Moscou ou Washington. Elle a été touchée par la masse fantastique des grands buildings-columbariums, par quelques bistrots et bureaux de tabac qui se sont mis à la mode, et qui n'ont plus ni bois ni charbons, mais des billards russes, des dixièmes de la Loterie Nationale, des briquets, lames Gillette, papiers timbrés, etc. ; par quelques immeubles crayeux de grande série qui commencent à s'enfoncer dans les vieux jardinets du front d'Auteuil avec leurs maîtresses de pianistes et d'exportateurs. La rue Boislevent sent venir l'haleine froide des galères du béton. Avenue Mozart, la rue de la Source n'est plus qu'un souvenir. L'autobus a déjà remplacé le tramway. On court, ici comme ailleurs, vers le perfectionnement. On « transforme » sans relâche, depuis le fameux jour où Franklin, qui séjourna à Paris, 1, rue Singer, de 1777 à 1785, installa pour la première fois en France un paratonnerre dans une dépendance de l'hôtel Valentinois...

Au carrefour de Passy, qui était, vers 1891, un rond de dames et de mondanités bourgeoises, la vieille pâtisserie Petit, où les familles venaient acheter un gâteau le dimanche et faire goûter les collégiens du lycée Janson de Sailly, a disparu, chassée dans un duel d'artillerie par les bombes pralinées de la pâtisserie Coquelin. M. Bauer, ancien chef d'achats aux Galeries Lafayette et cousin de M. Bader, administrateur desdites Galeries, vient d'ouvrir, non loin de la place, un grand magasin de confections des plus modernes, qui ne désemplit pas et qui évoque la première marée des La Fayette... De mon temps, sur cette petite place de Passy, que de sentiments, que de jeunes filles aux joues d'amande pure, rougissantes, que de premières communions, que de fierté d'être premier en latin, que d'émotions, que de prescience, après la première communion, de ces mariages qui s'amorceraient un jour à l'Opéra-Comique, à *Mignon*...

Car le quartier « Passy-Auteuil » est celui des grands mariages, des photographies pour *Vogue*, des grosses commandes en voyage de noces, chez Cook. Une seule différence se remarque chez l'habitant de cette région privilégiée : la demoiselle de Passy est plus « affranchie » que la demoiselle d'Auteuil. Anna de Noailles habitait Passy. La princesse de Polignac, grande animatrice et ministre moral de la musique moderne française, habite Passy. Auteuil a moins d'art, moins de manière. Mon vieil ami Jacques-Émile Blanche, je ne le vois qu'en homme de Passy, bien qu'on puisse discuter ici une petite question de frontières dans ce musée européen de l'intelligence qu'il s'est constitué pour son usage personnel, d'une tête subtile et brillante.

Auteuil est comme la campagne de Passy avec son boulevard de Montmorency, ses quais, son viaduc, près de l'église, son restaurant du Monton Blanc, curiosité historique, ancien lieu de rendez-vous de La Fontaine, de Molière et de Racine. Les gens de Passy vont à Auteuil comme les gens de la rue Étienne-Marcel vont à Brunoy le dimanche. C'est tout juste s'ils n'emportent pas de quoi manger. Vers quatre heures, Passy-Auteuil se vide d'une portion importante de ses habitants : car on prend encore l'apéritif à Paris, on va au restaurant dans le centre, on reste au cinéma avenue des Champs-Élysées, boulevard de la Madeleine, ou rue d'Athènes. Une fois lancé, on perd une ou deux heures de plus chez Florence ou au Mélody's, et l'on rentre dans la nuit... Passy, Auteuil, sont des endroits où les voitures et les taxis grincent et se précipitent jusqu'au petit jour, ramenant de Montmartre ceux qui ne se lèvent pas avant midi.

Passy-Auteuil est une grande province où les familles se connaissent, se surveillent et parfois se haïssent, pour peu que l'une ait eu plus d'invités, plus de politiciens ou de poètes que l'autre à son thé hebdomadaire, mensuel ou annuel ; pour peu que le fils Untel ait été reçu avec ou sans mention au baccalauréat. Pâtissiers, bouchers, teinturiers ou concierges sont au courant des disputes des ménages, des divorces et des héritages.

Ils sont presque frères de lait, presque cousins, pleurent aux enterrements, se réjouissent aux baptêmes, envoient, comme leurs clients, leurs filles au Cours d'anglais, et mettent des gants le dimanche. Le prolétariat ni le pauvre n'ont de place dans cette perpétuelle garden-party qui se donne bon an mal an de la place Victor-Hugo à la Seine. Toutes les cérémonies de Passy-Auteuil voient revenir à l'église ou aux lunchs la même troupe d'invités qui confèrent aux manifestations mondaines du seizième arrondissement un petit air d'opérette et de *Congrès s'amuse* non dépourvu de charme, et parfois d'imprévu. Convié un jour à une bénédiction nuptiale de haute volée à l'église Saint-Honoré-d'Eylau, un ami à moi, poète à ses heures, se rendit à l'heure dite place Victor-Hugo pour présenter ses vœux aux jeunes époux. Une assistance nombreuse, dont il connaissait tous les visages, se pressait dans la nef. Il s'approcha, serra des mains, distribua des sourires, et s'aperçut qu'il ne connaissait pas plus le marié que la mariée, s'étant tout simplement trompé de jour. Il ne voyait à l'église que les mêmes personnalités parisiennes, quasi engagées par contrat à assister à toutes les cérémonies de la petite patrie Passy-Auteuil. Comme il se trouvait sur place, il ne songea pas un instant à rebrousser chemin et se joignit aux cousins, oncles et grand-mères pour embrasser très affectueusement les époux, ainsi qu'un certain nombre de dames qui lui parurent alliciantes.

La chronique scandaleuse ou dramatique de Passy-Auteuil est assez pauvre. Le crime ne s'y manifeste qu'avec d'infinies précautions. La police ne s'y promène guère. Tout se passe dans une atmosphère éthérée où les ragots n'ont pas de prise. Un fait divers pourtant me revient à l'esprit, qui eût pu inspirer à Edgar Poe, mais à un Poe nourri de Rowlandson, une histoire assez affolante, s'il eût été de Passy comme Abel Bonnard ou Pierre Louys, Bergson ou le docteur Boucard. Elle vaudrait d'être mêlée à l'histoire de l'arrondissement, qui manque parfois un peu de ton. J'ai connu jadis une poétesse américaine, fille adoptive de Paris, qui n'aimait de chair blanche que celle des femmes. Sur le chapitre de la nourriture, elle ne supportait la vue, l'odeur et le goût que de la seule viande rouge, et de préférence crue, jusqu'à l'abus. Comme elle avait le cœur délicat, son médecin la mit au régime. Mais sa passion de la viande était trop forte, l'habitude en était prise, et les prescriptions du médecin ne furent observées qu'avec mille difficultés. Le médecin insistait. La poétesse en fit une maladie. De guerre lasse, elle résolut un jour de finir en beauté... c'est-à-dire en artiste, c'est-à-dire en... Châteaubriant. Elle inonda son lit d'essence, y déposa

quelque dix kilos de beurre, cinq à six livres de persil,
s'étendit languissamment sur ses draps, déposa encore
sur sa poitrine une motte de beurre, par coquetterie,
comme font les bons chefs, et mit le feu à une
allumette. Au bout d'une petite heure, tout le quartier
sentait la grillade. Les narines de Passy-Auteuil fini-
rent par déceler d'où provenait l'odeur de grill-room
qui se répandait jusqu'au bois de Boulogne, et guidè-
rent enfin les domestiques jusqu'au lit de leur maîtresse sur lequel ils aperçurent un rumsteck mammouth. Historique.

Passy-Auteuil reçoit chaque année de nombreux
émigrants du Nouveau Monde, qui se décident brusquement à venir habiter Paris. On m'a raconté
l'histoire d'une autre Américaine, qui s'était établie
rue La Fontaine pour étudier chez nous les mœurs des
domestiques. Elle les suivait dans la rue, les acculait
dans les cafés, les interrogeait, les obsédait. Chauffeurs et maîtres d'hôtels ne savaient pas très bien à
quelle sorte de folle ils avaient affaire et sortaient
furtivement dans la rue, le col du veston relevé, prêts à
décamper. Ils croyaient lasser la vieille demoiselle qui
les harcelait comme une salutiste excitée. Mais la
moraliste tenait bon. Les premiers éléments de son
enquête la remplissaient de bonheur. Certaines histoires de sucre, de lacets de chaussures, de pourboires,
l'enivraient. Un soir, elle tomba sur un gâte-sauce
ravissant qui faisait sa petite visite nocturne à un aide-
pharmacien. Elle le suivit avec une souplesse et des
contorsions de chauve-souris. Affolé, le jeune homme
se réfugia dans un de ces petits établissements qui sont
exclusivement réservés aux hommes, et y resta trois
heures. Puis il disparut sans se retourner. Le lende-

main, des agents cyclistes ramassèrent sur un banc des quais une pauvre folle endormie qui réussit, après quelques mois de traitement, à se faire rapatrier aux États-Unis. L'aventure n'a bénéficié d'aucune publicité. Pourtant, quelques domestiques parlent parfois à leurs enfants du fantôme d'Auteuil...

Sur les quais

(I)

Au temps où je dansais la gigue,
J'aurais pu faire un bel enfant.
Mais à présent, ça me fatigue,
Je ne suis plus qu'un ci-devant.

J'en ai marre de l'élégance,
Des romans d'analyse et des chansons d'amour.
Adieu, Messieurs! Vive la France!
Moi, je remonte dans ma tour.

Ne cherchez pas de qui sont ces vers, où triomphent l'insouciance et la rêverie. Ils sont exactement d'un illustre inconnu dans le plus noble sens du terme. J'ai vainement essayé de me faire présenter à ce poète, qui me paraît, à l'odeur de ses poèmes, passer la moitié de sa vie dehors. Il aime mieux garder l'anonymat. Tout ce que je sais, c'est que ce poète ignoré et peureux est un homme des quais, un bouquiniste, célèbre parmi ses collègues, mais si volontairement hostile à la gloire qu'il ne leur a jamais donné son nom.

Ce que l'on ne saurait nier, c'est que les quais l'aient heureusement inspiré, car il est l'auteur de deux cents poèmes de ce genre désinvolte et charmant, deux cents poèmes qui se boivent facilement, comme le vin de Vouvray, le jaune, celui que l'on ne sert que sur place...

Chef-d'œuvre poétique de Paris, les quais ont enchanté la plupart des poètes, touristes, photographes et flâneurs du monde. C'est un pays unique, tout en longueur, sorte de ruban courbe, de presqu'île imaginaire qui semble être sortie de l'imagination d'un être ravissant. Je connais tellement, pour l'avoir faite cent fois, la promenade qui berce le marcheur du quai du Point-du-Jour au quai des Carrières à Charenton, ou celle qui, tout jeune, me poussait du quai d'Ivry au quai d'Issy-les-Moulineaux, que j'ai l'impression d'avoir un sérieux tour du monde sous mes talons. Ces seuls noms : Orsay, Mégisserie, Voltaire, Malaquais, Gesvres, aux Fleurs, Conti, Grands-Augustins, Horloge, Orfèvres, Béthune et place Mazas me suffisent comme Histoire et Géographie. Avez-vous remarqué que l'on ne connaît pas mieux « ses » quais que ses sous-préfectures ? J'attends toujours un vrai Parisien sur ce point : où finit le quai Malaquais, où commence le quai de Conti ? Où se trouve le quai de Gesvres ? D'après la réponse, je classe les gens. A ce petit jeu, on s'aperçoit qu'il n'y a pas beaucoup de vrais Parisiens, pas beaucoup de chauffeurs de taxi cultivés, encore moins d'agents de police précieux. Chacun se trompe sur la question des quais.

Et cependant, rien n'est plus de Paris qu'un quai de Seine, rien n'est plus à sa place, dans son décor. Léon Daudet, dans son *Paris vécu*, consacre plus de cinquante pages aux seuls quais, à ses bouquinistes et à ses librairies d'occasion. Au sujet de celle de Cham-

pion le père, il fait cette remarque qui, dans un siècle,
donnera encore le goût de la rêverie aux derniers
bibliophiles : « L'atmosphère était érasmique, xvie siècle en diable, et de haute et cordiale intellectualité.
Quand il voyait qu'un livre vous faisait envie, Champion disait doucement : « Prenez-le... Mais non, mais
non, vous le paierez une autre fois. »

De ce paysage, sur lequel ont poussé comme par
goût les plus beaux hôtels, le Louvre des Valois, les
monuments les plus étonnants, comme la Tour Eiffel,
les plus suspects, comme la Chambre, les plus glo-
rieux, comme l'Institut de France, c'est la partie
centrale qui est à la fois la plus célèbre et la plus
fréquentée, et ce sont certainement les quais de Conti
et Malaquais qui arrivent *ex-æquo* en tête du concours.
J'ai demandé à des pouilleux, à des sans-logis de la
meilleure qualité pourquoi ils préféraient ces deux
quais aux autres, surtout pour dormir sur les berges,
mêlés aux odeurs de paille, d'absinthe et de chaussure
que la Seine véhicule doucement : « Parce que, me
fut-il répondu, nous nous y trouvons plus à l'aise et
comme chez nous. De plus, les rêves y sont plus
distingués. » Réflexion pleine d'intérêt, et qui me
rappelle une anecdote. Il m'arrive très souvent de
prendre un verre de vin blanc dans un petit caboulot
des Halles que je ne trouve d'ailleurs qu'à tâtons la
nuit. Je retrouve là des noctambules qui échangent
quelques idées générales avant d'aller s'allonger sous
un pont quelconque. Toutefois, je me mêle à leurs
conversations. Nous nous serrons la main très noblement. Un jour, je fus présenté à une sorte de grand
haillon animé, barbu, érudit et très digne, qui logeait
précisément sous le pont des Arts, et que l'on

présentait ainsi : M. Hubert, de l'Académie française.
Paris seul autorise ces raccourcis splendides.

Les quais sont hantés par une double population. Je
ne parle ni des touristes, ni des curieux, ni des
voyageurs en transit, mais des êtres qui naissent,
rêvent et meurent dans l'atmosphère séquane : ceux
des berges et ceux des quais proprement dits, les
couche-dehors et les bouquinistes, ceux d'en bas et
ceux d'en haut. La population des berges s'étend
d'Auteuil à Charenton, les jambes à l'air, le visage
caché sous le melon de la poubelle, le mégot à portée
de la main, pour la première cigarette du matin, la
meilleure. C'est encore sur les quais, c'est-à-dire un
peu en dessous de la surface parisienne, dans une
patrie obscure et honteuse au sens que Shakespeare
donnait à ces mots, que l'on peut faire connaissance
avec les derniers petits métiers poétiques dont s'inspiraient naguère chansonniers, caricaturistes et poètes :
le tondeur de chiens, le coupeur de chats, le glaneur
de charbon, le ramasseur de petits objets, tels que
lames de rasoir usagées, fermetures de canettes de
bière, boucles de ceinturon, épingles de sûreté, cro-
chets à bottines et fragments de pipes en terre, le
ramasseur qu'on voit longer les ruisseaux en baissant
la tête, à la fin de la journée. Cour des Miracles dotée
d'une plage, ce monde des berges, dont les dos se
durcissent au contact des pavés, jouit d'un des plus
grands bonheurs que connaisse notre époque : l'ignorance totale du journal quotidien. Certains, parfois,
parcourent des journaux de Courses oubliés là, sans
doute, par quelque suicidé, mais le journal des
Courses fait un peu partie de la légende. M'étant
hasardé une nuit parmi ces longs gaillards si bien

portants, si hardiment barbus que je les compare volontiers aux hommes des cavernes, j'eus l'occasion d'entendre la voix même du rêve se manifester soudain par la bouche d'une de ces ombres. Après avoir enjambé quelques « chiens de fusil », quelques thorax librement offerts, je m'installai, à mon tour, sur une borne, pour fumer une cigarette au fil de l'eau. Énormes et patients, de noirs chalands glissaient, pareils à des bêtes, sur le fleuve de crêpe. J'avais vaguement l'impression de déranger une secte. Je ne me trompais pas. Une voix s'éleva tout à coup derrière moi : « Veux-tu fermer ta porte ! » me criait-on. J'avais visiblement affaire au Crocheteur Borgne de Voltaire...

Tout autre est la population périphérique. Ce sont des savants. Je tiens les bouquinistes pour les êtres les plus délicieux que l'on puisse rencontrer, et, sans doute, participent-ils avec élégance et discrétion à ce renom d'intelligence dont se peut glorifier Paris. Le pays du livre d'occasion a ses frontières aussi. Il va du quai d'Orsay au Jardin des Plantes, sur la rive gauche, et de la Samar, comme on dit, au Châtelet, sur la rive droite. Les boîtes en sont, en principe, accordées par la Ville aux mutilés de la guerre et aux pères d'une famille nombreuse, à raison de soixante-cinq francs par an, sur huit mètres de long. Quand un bouquiniste atteint l'âge respectable de soixante-dix ans ou qu'il tombe malade, il peut sous-louer son commerce à un remplaçant et se faire ainsi doubler jusqu'à sa mort. Mais il ne peut céder sa charge, comme ferait un agent de change. Une fois le dernier soupir poussé, la Ville intervient. La gent bouquiniste est la seule qui ne soit ni organisée ni syndiquée, qui ne donne aucun bal,

aucun banquet annuel. Elle vit de rumeurs intellectuelles, de poussières d'idéal et d'indifférence. Elle eut
pourtant un doyen, tout récemment, et que l'on
honorait sincèrement dans la profession, un doyen qui
n'était autre que M. Dodeman, Charles Dodeman,
auteur bien connu. Elle est encore rattachée au passé
parisien par Mlle Poulaillon, bouquiniste établie non
loin de l'École des Beaux-Arts, et qui évoque avec
nostalgie le temps où les marchands de livres étaient
tenus de remporter chaque soir leurs boîtes chez
eux...

Mais, sur les quais comme partout, le vent de la
modernité a soufflé en tempête. Il y a aujourd'hui des
bouquinistes jeunes, actifs, très au courant des fluctuations des marchés. La raideur un peu professorale
d'autrefois s'est perdue. L'été, quand il fait très
chaud, les bouquinistes femmes n'hésitent pas à
plonger dans la Seine. Quelqu'un flâne sur le quai
pour ses livres, et, souvent aussi, pour voir sortir de
l'eau en maillot la sirène ruisselante. Et il crie :
« Hé, la petite dame, combien le Taine ? » En quelques brasses, la petite dame atteint la berge, ramasse
son peignoir, remonte vers les bibliothèques en
séchant ses mains sur ses hanches, cède le Taine, le
Flaubert ou le Jean Lorrain au client, et retourne dans
l'eau fraîche...

J'ai demandé à un marchand qui paraissait sérieux
et renseigné si le commerce des livres à ciel ouvert
était lucratif, et j'appris que la plupart des vieux
bouquinistes arrivent assez facilement à posséder un
peu de bien, une cinq-chevaux Citron, parfois même
une maison. Et le plus surprenant est qu'aucun d'eux
n'ait d'autre métier. Où trouveraient-ils, d'ailleurs, le

temps d'être chauffeurs ou détectives privés ? Un bouquiniste tenu de connaître son Histoire, ses textes, ses dates, ses éditeurs, aussi bien sinon mieux qu'un libraire, n'a pas trop de toute sa journée pour bien faire ce qu'il fait.

Les quais aux livres sont divisés comme un catalogue. Il y a le parapet des livres classiques et celui des livres étrangers. Les boîtes sont assez bien fournies d'une façon générale, et il est devenu commun de se demander où se fournissent ces commerçants avisés. Selon une vieille habitude, le bouquiniste n'achète pas volontiers ce qu'on lui propose. Il aime mieux se rendre lui-même à l'Hôtel des Ventes, marchander à sa guise, se rendre à domicile chez des personnes « recommandées », ou encore voyager en France, à Perpignan, au Puy, à Lille, où il est toujours sûr de faire bonne chasse. Pourtant son ravitaillement, si bien conçu, demeure assez mystérieux. « N'est-ce pas, tout le secret est là ! » me disait l'un d'eux.

Sur le plan littéraire pur, le quai joue le rôle d'un baromètre et remet les réputations en place. On aura beau lire et relire des courriers littéraires, examiner à la loupe les feuilletons de la critique, les tartines de publicité rédactionnelles, interviewer des mandarins ou des experts, il faudra toujours revenir aux quais pour obtenir une parcelle de la vérité. Car la question, comme pour le sucre ou le papier à cigarettes, demeure la même : « Qu'est-ce qui se vend, qu'est-ce qui ne se vend pas ? » Énigme que M. Robert Ganzo, bouquiniste sur les quais et libraire rue Mazarine, débrouille devant vous avec science et brio. Je n'ose énumérer les noms de mes confrères dont les bouquins ne trouvent pas acheteur, malgré le tapage, les coups de sifflet du snobisme, ou l'influence des corps constitués. Je préfère annoncer à mes amis Paul Valéry, Valery Larbaud, Claudel, Gide, entre autres, et, par-dessus les nuées et les ombres, au cher Proust, qu'ils se vendent admirablement. Que cette indication permette à quelques invendables de se reconnaître.

Il faut avoir une santé de vieux chêne pour vendre des livres sur les quais, car il n'est pas un élément qui ne s'occupe de vous agacer : le vent, la chaleur, le gel, le bruit, le marchandage des clients, étant entendu qu'on n'achète jamais un livre sans marchander. C'est pourquoi j'admire la résistance et la belle nature des bouquinistes et, entre toutes, l'humeur divine du poète inconnu des quais qui trouve encore le moyen d'écrire des vers...

Sur les quais

(II)

Les quais ont toujours été pour les Parisiens de bonne race un endroit de prédilection. Tout le long de la Seine, maintenue dans une atmosphère de haute distinction par le voisinage des bâtiments augustes qui la font royale, et pourtant bohémienne par la présence des bouquinistes, le passage des chalands et les brusques apparitions de sombres poètes au bord des boîtes, la flânerie s'est toujours sentie là chez elle. Lorsque j'étais jeune, et que les romans à bon compte m'intéressaient, nous nous donnions rendez-vous, quelques amis et moi, sur la margelle du quai Malaquais, pour regarder Anatole France, prince des chercheurs et vieil ami des marchands, Jules Lemaître, qui promenait son lorgnon, Faguet, qui n'achetait jamais rien, le jeune et magnifiquement olivâtre Barrès, qui méprisait la poussière mais adorait l'air léger de ce quartier, Albert Besnard, Rostand, qui ressemblait à un ténor de salons, Forain, Barthou, Bourget ou Capus, qu'encadraient des salonnardes charmantes, menteuses et trompeuses comme toutes les autres, et particulièrement cette marquise de Sauve, héroïne de *Cruelle Énigme,* qui faisait alors courir un frisson dans les départements français.

Mais à côté de ces illustres personnages dont le profil se médaillait déjà dans l'histoire littéraire ou artistique de la nation, nous prenions souvent en filature de vieux Parisiens sans importance, tout pimpants de guêtres et de pantalons gris, le favori délicatement peigné, le tube impeccable, la canne sous le bras, une forte cravate voyante ou diaphane sous un col de belles proportions, la fleur à la boutonnière, un sourire installé sur des lèvres heureuses. Vieux messieurs rentés, soignés, gâtés, qui cheminaient voluptueusement le long des cartes du ciel, des timbres-postes, des gravures pornographiques et des éditions originales, en attendant l'heure d'aller retrouver au Bois, dans quelque thé, dans quelque boudoir aussi, quelque petite femme généralement dressée par un dompteur ou par un montreur de puces.

Ils le savaient bien, les bougres, qu'ils étaient trompés et surtrompés par de jeunes gaillards aux cuisses tendues et aux fines moustaches, mais ils avaient une sagesse solide et ne demandaient à l'amour que ce qu'il pouvait leur donner. Nombreux étaient ceux qui croyaient encore dérober des plaisirs à la jeunesse confiante et versatile. Ce type d'homme, immanquablement généreux, et spirituel, on le retrouve non pas seulement dans les pièces de l'époque, qu'elles soient de Tristan, de Flers, d'Hervieu, de Feydeau, de Courteline ou d'Hermant, mais dans les dessins de Fabiano, de Guillaume, de Bac, de Gerbault ou de Préjelan.

Il apparaît aussi dans les textes de Sarcey, de

Lemaître, de Donnay, d'Allais, de Franc-Nohain, de Vaucaire, de Willy, qui rima, à ce propos, des vers demeurés célèbres :

Deux grammairiens se disputaient pour Lise.
Mais un juge, plus preste, ou plus tendre, l'a prise
Et la loge en garni près de la gare de l'Est.

Morale.

Grammatici certant, sub judice Lise est.

Gracieuse époque. Les quais traduisaient pour nous, qui n'avions pas encore droit aux salons, aux cabinets particuliers, aux « boudoirs confidentiels », cette sorte d'animation heureuse qui tremblotait dans Paris, et Paris se réduisait alors pour nous à une synthèse où nous voyions une jolie femme, un fiacre, un trottin, un vieux général, une bouquetière ou un jeune officier à cheval. La rue de Paris n'était pas autre chose. Sur les quais, aux abords de l'Académie, c'était une rumeur de jupes et de murmures qui donnait à l'avenir un goût violent et nous faisait grogner contre notre jeune âge. C'est de loin que nous avons participé aux réceptions de Barrès, de Rostand, de Lemaître ou de France. Il se faisait devant nous une féerie de vapeurs et de chuchotements, un doux fracas d'essieux qui se confondaient dans le parfum des dames et que notre imagination prolongeait jusqu'à des rêves infinis.

Puis nous allions coller nos yeux devant chez Goupy ou chez Champion pour voir passer les érudits, des

messieurs très graves qui craignaient, selon le conseil
d'Anatole France, « les femmes et les livres, pour la
mollesse et l'orgueil qu'on y prend ». Ainsi, les érudits
préféraient bavarder avec les marchands, les libraires,
et s'en retourner à leurs cahiers poussiéreux et sans
danger. On faisait crédit, dans ce temps-là, et je me
demande combien de bouquins emportèrent Pierre
Louys et Marcel Schwob, avec la promesse de les
régler plus tard. Ces vitrines bien fournies et ravissantes, combien de fois ne virent-elles pas le visage de
Charcot, alors hôte illustre de l'hôtel de Chimay, celui
de Doumic, ceux de Goyau, d'Hermant, de Poincaré
ou d'Hanotaux, de Lockroy ou de Frédéric Masson !
C'était le beau temps des conférences, plus attirantes
alors que ne le seront jamais les plus célèbres matches
de tennis, des premières communions sensationnelles,
des mariages qui donnaient le vertige à des faubourgs
entiers. Le moindre événement prenait de l'importance, et nous sentions que Paris était bien à l'extrême
bord de la civilisation, qu'il terminait le monde
moderne comme un bouquet termine quelque feu
d'artifice, qu'il vibrait « au point doré de périr », eût
dit Paul Valéry.

Douce et lointaine actualité des quais, à cette
époque où les bouquinistes savaient tout, et que
l'Académie Française dominait de sa majesté dorée.
Déjà, tout autour de l'illustre demeure, et comme un
défi jeté aux boîtes où l'on trouvait des « originales »
de Balzac, de Daudet, des grands papiers de Gide, de
Barrès, alors pas trop connus, l'affiche-réclame donnait à la Capitale cette physionomie qui n'a guère
changé. Déjà nous étions possédés par les redresseurs
magiques pour mauvaises attitudes, les voyantes ultra-

sensibles, les talons tournants, les rénovateurs dus à des curés, les philtres et les procédés inouïs contre les poils surperflus. Stern, jockey français, gagnait le Derby d'Epsom avec Sunstar. Un nommé Orphée enlevait la course à pied Lyon-Troyes-Paris en 75 heures 8 minutes. On prenait des *porto-flips* et des *whisky-cocktails* dans des décors qui feraient rire Bobino. La comtesse de Kersaint ou le baron de Coubertin faisaient, d'une kermesse du Palais-Royal, quelque chose de plus osé et de plus excentrique que l'Exposition actuelle. Laguillermie, Hélène Picard, Gabriel Trarieux, Paul Gasq ou Miguel Zamacoïs enlevaient, qui des prix littéraires, qui des médailles d'honneur. Ces événements arrivaient jusqu'aux quais, lesquels m'ont toujours fait songer à quelque forum où se seraient disputés les mérites respectifs des maîtres de l'heure artistique ou littéraire.

L'Académie Française, qu'illustrèrent à l'époque Loti et France plus que l'ensemble de leurs collègues, puis Rostand, dont ce fut un numéro que d'en être, et l'ambassade d'Allemagne, située tout contre les quais et lui tournant le dos, sont les deux bâtiments essentiels de ce quartier en longueur qu'ornent des livres et des images. Je me place bien entendu ici sur le plan purement pittoresque et ne puis tenir compte de la gare d'Orsay ou de la Chambre dont la poésie est toute différente. Peu de messieurs sortis des pièces de Lavedan eussent confié à leurs maîtresses ou à leurs invités qu'ils venaient de flâner dans les couloirs de la

Chambre ou le hall de la gare d'Orsay. En revanche, il était piquant de risquer entre deux compliments : « Je viens de bavarder avec Bourget, toujours jeune, toujours troublé par les femmes ; nous avons cheminé jusqu'à l'Institut, et, ma foi, je m'y suis faufilé par une petite porte. J'ai eu le temps de dire un court bonsoir à ce précieux Hervieu, que nous verrons à dîner demain, et j'ai même pu serrer la main de Francis Charmes. »...

Il n'était pas interdit non plus de prendre une dame dans un coin et de lui souffler à l'oreille : « Ma chère amie, il vient de m'arriver une bien curieuse aventure. Vous connaissez cette petite Zozy qui veut bien parfois m'accompagner à Longchamp ? Eh bien, figurez-vous qu'elle a les meilleures relations du monde. Tel que vous me voyez, je reviens d'un thé à l'ambassade d'Allemagne, où j'ai eu l'honneur d'être interrogé par ce sacré Radolinsky de Radolin, et par la comtesse Kessler. Il paraît que l'Europe va mal... etc. »

Inutile d'ajouter que les quais ont, de tout temps, servi d'excuse aux Parisiens que leur petite amie retenait trop longtemps auprès d'elle, et qui rentraient à la maison portant sous le bras quelque Spinoza de belle apparence, quelque Marmontel introuvable, ou quelqu'un de ces tomes de *la Comédie humaine*, ceux qui sont recherchés par les meilleurs amateurs de Paris.

J'ai même connu un bouquiniste qui avait en réserve toute une série de Romantiques à l'intention d'un client qui arrivait en courant, payait et s'en retournait au galop chez lui. Quand on voulait lui

acheter un Gautier ou un Hugo, à ce brave marchand,
il répondait :

— Impossible, c'est pour le comte, qui doit passer
à cinq heures et qui est censé fouiller dans mes boîtes
depuis trois heures de l'après-midi...

Place du Théâtre-Français

Ce sont les autobus qui ont transformé la place du Théâtre-Français. Une révolution, un incendie même — et il y en a eu un fameux — n'auraient pas mieux fait. La place du Théâtre-Français, où l'on me conduisait autrefois par la main, comme dans un endroit tranquille, un peu sévère, mais de bonne influence, est aujourd'hui une gare régulatrice. Un alphabet mouvant. C'est le Corbeil du réseau de la Compagnie des Transports en Commun.

On perd un temps précieux à passer du Ministère des Finances chez Molière, et des Grands Magasins du Louvre au marchand de valises qui fait le coin de l'avenue de l'Opéra. Jadis, on pouvait bavarder en pleine rue ; les joueurs d'échecs et les acteurs, les membres du Conseil d'État et les ombres du Palais-Royal ne craignaient aucun coup de trompe, aucun dérapage, aucun rappel à l'ordre des agents. On était libre.

Pourtant, ce quartier n'a rien perdu de son pittoresque, de son air parisien, de ce cachet unique au monde et de ses manières bien françaises. Il n'y a pas une ville en Europe où se puisse concevoir ce mélange de palais et de boutiques, de ministères et de restaurants, de bourgeoisie et de prostitution, de sérieux et de dévergondage qui fait le charme du Théâtre-Français. Elle est petite, ramassée, sans commencement, ni fin, sans axes, sans frontières bien tracées, et cependant le promeneur ou l'étranger ne savent comment s'y prendre pour en faire le tour.

Aussi bien, chaque mètre est différent de l'autre. Le client de la Civette n'est pas celui de la Librairie Stock. Celui qui descend à l'hôtel du Louvre n'entre jamais au Café de la Régence, préfère l'Opéra à la Comédie et achète ses livres dans les gares. Le fonctionnaire qui prend son apéritif au Rohan ne lève même pas les yeux sur l'Univers. La fleuriste du théâtre, celle qui tient commerce sous le buste de Larroumet, au milieu de débris de dieux et de fragments de décors, ne connaît pas la femme du kiosque et n'a sans doute jamais mis les pieds dans la salle.

Un excellent endroit pour observer les allées et venues de cette place, qui a l'âme d'un manège et la majesté d'un musée, est le Café de l'Univers, qui se recommande pour sa brandade du vendredi. On y est comme au théâtre, non pas seulement parce que les acteurs du Français y tiennent conciliabule autour d'une choucroute, mais parce qu'on aperçoit de sa place un spectacle qui ne lasse jamais.

Au fond, se dessine la façade des Magasins du Louvre. Au premier plan, le chasseur de l'hôtel du Louvre évoque un souffleur de théâtre. A gauche, on aperçoit une Muse qui somme Alfred de Musset de bien vouloir descendre de son socle et de consentir à perdre une soirée au Théâtre-Français. A moins que, maîtresse excédée, elle ne conjure son amant, cuvant sa cuite sur un banc, d'aller quérir un remède « antialcoolique » chez le pharmacien du coin. On se demande combien d'architectes ont collaboré à cet ensemble réussi de palais, de colonnades, de statues, de médaillons et de frontons. Les bistrots, les selleries, les graveurs, le café Gobillot qui est tout en longueur comme un couloir d'autobus, la maison de fourrures et de bonneterie qui semble déjà réservée aux acteurs égayent sans le troubler, sans s'attaquer à la sérénité du lieu, le rez-de-chaussée de cette place.

Au fond du restaurant, quelques jeunes auteurs déjeunent et n'en finissent pas d'épiloguer sur le métier, prenant à témoin les comédiens qu'ils ont rencontrés là, s'adressant parfois aux garçons, qui connaissent le Théâtre-Français sur le bout du doigt. Quelques clients lèvent la tête pour voir, chope en main ou cigare aux lèvres, ceux qui jouent *la Parisienne, Hernani, le Médecin malgré lui, le Secret, le Cid* ou *Andromaque*.

Depuis qu'il existe, le Café de l'Univers a toujours été, de préférence aux autres, qui ne recueillent que des spectateurs, le rendez-vous des auteurs dramatiques. J'ai vu là des hommes illustres dont on ne parle plus. J'ai entendu, comme en répétition intime, des répliques fameuses que les intéressés essayaient entre eux avant que les pièces n'eussent été admises au répertoire.

Les jeunes auteurs fréquentent toujours l'Univers et les acteurs aussi. Y viennent également ceux qui jouent sur le boulevard et que l'ombre du Théâtre-Français attire, car la maison est un peu la leur. J'y ai vu Stève Passeur, ou Marcel Vallée, qui me fait songer

à Littré, ou Alcover. Mais les jeunes auteurs sur qui
plane la corne d'abondance du cinéma et qui ressen-
tent plus violemment la politique et les malaises
sociaux qu'on ne le faisait autrefois m'ont paru moins
buveurs, moins gros mangeurs, moins consciencieux
bonshommes que leurs devanciers.

Ce café est, à certaines heures, très curieux quant à
la clientèle. Que de provinciales, que de Parisiennes
n'y patientent devant un crème ou un petit porto que
pour se précipiter sous les arcades du théâtre au
moment de la fin d'une représentation. Il s'agissait
naguère de voir Bartet, de Max, Berthe Cerny, dont
les cuisses ont fait rêver des générations de sorbon-
nards et de polytechniciens. Il s'agit aujourd'hui de se
trouver à un mètre, à un pouce de Pierre Bertin, de
Marie Bell, de Mary Marquet, de Jean Weber ou de
Madeleine Renaud. Quand on a longuement piétiné
en l'honneur d'un ou d'une pensionnaire illustre, le
frisson qui s'empare des badauds est le même que
celui qui annonçait des signes d'admiration chez ceux
qui attendaient Mounet-Sully...

Mounet-Sully était un dieu, une sorte de Victor
Hugo du peuple, un acteur qui vivait au-dessus des
hommes. Arquillière pénétra un jour dans sa loge
muni d'une recommandation. C'était la plus belle
minute de sa vie. Il trouva le maître en train de se
maquiller.

— Comment vous appelez-vous ? demanda
Mounet-Sully.

— Arquillière.

— Arquillière ! répéta le grand acteur en conti-
nuant de tendre le menton et de lever le cou devant
son miroir.

La conversation du génie et du débutant ne fut qu'une suite de silences et de petits mouvements. Le jeune souhaitait d'être à dix pieds sous terre. Enfin, comme on ne lui facilitait pas une entrée en matière, il prit le parti de s'éclipser discrètement. Il n'avait pas fait vingt pas qu'il s'entendit brusquement appeler d'une voix de tonnerre :

— Arquillière ! Arquillière !

Le jeune homme remonta les escaliers quatre à quatre et se précipita dans la loge qu'il venait de quitter, désolé d'être parti si vite et sans s'excuser.

— Qui êtes-vous ? demanda Mounet-Sully.

— Je suis Arquillière... vous m'avez appelé...

— Mais non, murmura Mounet-Sully, je me faisais la voix. Arquillière, c'est très sonore.

Et il continua de prononcer le nom d'Arquillière sur tous les tons.

Les acteurs d'aujourd'hui n'éprouvent plus la même admiration mêlée de crainte pour leurs grands aînés. Il est vrai qu'il n'y a plus de grands aînés, et que les vedettes de cinéma ont brouillé les cartes et singulièrement élevé le nombre des acteurs admirables. Seule la foule, une foule pieuse, respectueuse des traditions, qui n'a qu'un œil pour le cinéma, une oreille pour le concert, continue d'adorer en secret ceux qui savent bien dire les vers classiques et vivre avec véhémence les grandes scènes du théâtre moderne. Il fallait voir l'accueil réservé à Féraudy quand il jouait *les Affaires sont les Affaires.*

Ces badauds ont pour les comédiens la vénération presque sectaire que les amateurs de vélo ont pour les champions du Vel' d'Hiv' ou du Tour de France, les jeunes boxeurs du faubourg Saint-Denis pour les as du ring qui prennent l'avion pour aller se battre, les pelousards pour les jockeys, les maires de campagne pour le député du patelin qui devient ministre.

J'admire ces sentiments lorsqu'ils sont sans mélange, comme chez la concierge du Théâtre-Français, qui a l'honneur d'assister à l'arrivée et au départ des grands premiers rôles de l'établissement et de les voir déposer leur clef dans le casier, ou leur perruque sur la table afin qu'on y fasse une mise en plis pour le lendemain.

Toute cette partie de la place est « sous le signe » du Louvre, les drapeaux que l'on aperçoit sont ceux des magasins du Louvre, et ces émeutes inoffensives que l'on devine dans le lointain, ce sont les bataillons de la clientèle du Louvre.

Stock aussi a ses fervents, et la Civette les siens. Ceux-là feuillettent avidement quelques conseils sexuels pour la jeunesse ou *les Dix Commandements du Constipé,* en ayant l'air de s'intéresser au *Voyage en Orient,* de Gérard de Nerval. Ceux-là pelotent les cigares et les respirent avant de les mettre en bouche, chacun cherchant à se montrer plus connaisseur que le voisin.

Mais tournez le coin de la Comédie, longez ces barrières de gare-frontière où il faut faire la queue, quand on est désargenté, pour voir *Électre, Ruy Blas* ou *Monsieur de Pourceaugnac,* acheminez-vous vers la rue de Montpensier, étroite et spectrale comme une tranchée, un autre spectacle vous attend. Il ne présente en apparence aucun point commun avec le Théâtre-Français, et pourtant on ne l'imagine pas sans lui. De jour, si le promeneur est rare, et de nuit si le passant est nombreux, mais alors dans l'ombre savante des colonnes et presque sous le patronage de l'Institut de Coopération Intellectuelle, vous serez abordé par les marchandes d'amour dans une langue qui a quelque chose de scénique. Elles ne proposent pas un plaisir plus classique que celles de Notre-Dame-de-Lorette ou de la gare Saint-Lazare, et pourtant l'on ne peut s'empêcher de leur trouver un je ne sais quoi de plus digne qui indique l'influence de la première scène nationale. Les plaisanteries dont elles se servent pour invectiver, lorsque la mauvaise tenue du marché fait sortir les passions, sont tirées du vocabulaire de la maison, et les mots : pensionnaire, part entière, four, m'as-tu vu, entrent dans leurs emportements...

Ces dames sont d'ailleurs incapables d'assurer à elles seules le pittoresque de l'endroit, qui emprunte toute sa saveur et son sel aux boutiques. On découvre, en quelque sorte adossés au programme qui nous assommait au collège, les commerces les plus divers, les plus inattendus : à côté d'un fabricant de toupets et de postiches, dont la présence ne se discute pas, voici un marchand d'appareils à confectionner le yogourt chez soi, un artiste en pipes et fume-cigarettes de style baroque, un magasin de sous-bas, slips, cache-sexe, hérissons japonais, jarretières et produits divers.

L'illusion de se trouver dans quelque coin de province, et particulièrement dans une station thermale, est si forte que, pendant quelques secondes, on découvre au Jardin du Palais-Royal, encombré de chapiteaux que le démolisseur est en train de jeter bas, des odeurs, un calme, une espèce de régularité chez le promeneur qui ne peuvent être que de Pougues ou d'Uriage. La bascule automatique vient encore ajouter à ce rêve...

Il faut se hâter vers le magnifique magasin d'armes de la rue de Montpensier pour retrouver la réalité. Les carabines de luxe, les couteaux à cran d'arrêt pour junkers, les brownings pour émeutiers distingués, les lames, les dagues à sanglier qui sont étalés là dans une ordonnance de musée, ne peuvent être que de Paris, ville des crimes passionnels et des coups de poignard. Vous êtes en extase devant ce déballage d'instruments de mort, et le marchand raffine encore en attirant votre regard sur des cibles, en vous apprenant que la maison se charge de la naturalisation des animaux les plus divers, et qu'elle a l'avantage de fournir les Anciens Combattants.

Au commencement de la rue de Richelieu, qui nous ramène vers l'avenue de l'Opéra et d'où l'on aperçoit de nouveau toute la place du Théâtre-Français avec ses autobus éperdus, c'est une boutique de décorations, aussi admirable qu'un album, qui se signale à l'attention du badaud. Les acteurs et les employés de la Comédie ne pensent donc qu'à la Légion d'honneur, au Milan d'Or, à l'Étoile Noire du Bénin ? Mais pour quelle raison ce charmant petit musée où tout est à voir, comme dans un insecte, s'appelle-t-il « A Marie-Stuart » ?

Les croix et les médailles ont pour voisins, chez le marchand d'à côté, tous les détails de l'Équipement : la selle et les accessoires, le tricorne, le pantalon d'officier de la garde républicaine et le cheval en tube chromé, pareil à un fauteuil de bureau moderne, jettent un feu d'artifice et une petite note de music-hall dans la rue. Enfin, ce qui porte à son comble le ravissement du flâneur pour qui le Théâtre-Français doit être entouré d'une certaine atmosphère, c'est le marchand de fournitures de Campement, d'instruments pour boy-scouts, missionnaires, colons, pionniers divers, qui ne craint pas de troubler le passant par l'exposition d'une lampe pour tunnels, souterrains ou volcans, et qui s'appelle « La Lumière pour toute la Vie ».

Ce sont ces étalages qui donnent à la place son prix inestimable dans un Paris qui se transforme aujourd'hui sans méthode. La population ne fait qu'y passer, bien qu'elle soit riche de personnalités curieuses, qu'on imaginerait logées dans les combles du théâtre, les caves du Ministère des Finances ou les Grands Magasins du Louvre : gardiens, préposés à l'entretien des fontaines, souffleurs, machinistes, maîtres d'hôtel, commis-libraires, élèves pharmaciens.

Ce petit monde boit debout en échangeant des secrets que l'on n'entend pas ailleurs. Manies du directeur général des Fonds, amours de grande actrice, projets de jouets nouveaux pour les prochains Noëls. Ces conversations surprennent l'étranger qui se hasarde parfois dans les bars de la place, et l'agacent, comme s'il sentait qu'il n'est pas venu au monde où il fallait. J'en ai entendu un s'écrier un jour, comme on n'en finissait pas de parler devant lui de Sorel :

— Quoi ? Une femme est toujours une femme !

Ghetto parisien

Ce n'est pas, à proprement parler, un ghetto comparable à ceux de Pologne, de Roumanie ou de Hollande, c'est un petit pays limité par la rue du Roi-de-Sicile, la rue Ferdinand-Duval, autrefois rue des Juifs, et la rue Vieille-du-Temple, et dont le centre se trouve au coin de la rue des Écouffes et de la rue des Rosiers, où s'ouvre la librairie Speiser, rendez-vous de tous les Juifs du monde. Stephan Zweig ne traversa jamais Paris sans faire une visite à cette boutique. Trotsky venait souvent s'y asseoir. J'y suis entré tout à l'heure pour y apprendre la mort de Zuckermann, qui tenait à cette place, il y a quelque trente ans, un excellent restaurant où nous venions avant la guerre, Charles-Louis Philippe, Michel Yell, Chanvin et moi-même, attirés par une eau-de-vie qui sentait la violette et que le fils du patron nous servait avec une grâce de petit seigneur.

Aujourd'hui, la librairie Speiser semble plus utile au quartier que le restaurant du père Zuckermann. Elle propose à une clientèle hétéroclite le plus grand choix de disques yiddisch qui se trouve à Paris, des portraits de l'énigmatique Rambam, savant polyglotte qui vivait en Espagne et dont le monde juif va célébrer prochainement le huit centième anniversaire, des photographies d'intellectuels et d'écrivains, des participations de dix pour cent à la Loterie Nationale, que l'on vient acheter des quatre coins de Paris sous prétexte qu'elles ont passé par des mains israélites, un bon choix de littérature hébraïque, du linge de maison importé d'U.R.S.S. et garanti fait à la main, enfin une palette de limonades pourpre, céladon, jaune de chrome, vermillon, salade, grands tubes de verre dans lesquels on souhaiterait un ludion, et qui de loin semblent tourner naïvement comme un manège de chevaux de bois pour nains...

Ce magasin, qui pourrait être à ciel ouvert, me rappelle ces gares de sous-préfecture où se réunissent chaque soir, au moment de l'apéritif, les notables, les oisifs et les fonctionnaires. On s'y recueille aussi pour la veillée. De vieux Juifs, comme on n'en rencontre qu'à Bydgoszcz, Zlatana ou Milowek, se faufilent le soir entre les livres. On s'étonne de les voir à Paris, vêtus de touloupes qui balayent le sol, le favori roulé, le cheveu huileux, la main tremblante. Ceux-là, plus libres en France que partout ailleurs, méprisent hardiment le costume chrétien. Affairés et rêveurs, ils vont et viennent dans la boue du ghetto, coiffés de petites toques à courte visière, enveloppés, enhaillonnés de longues redingotes aile de corbeau, de lévites funèbres. Les yeux profonds, tristes et perdus, le teint rose, parfois effrayant, les oreilles énormes, le corps penché, boiteux, borgnes, tuberculeux neuf fois sur dix, ils traînent d'une boutique à l'autre, chuchotent, glissent, immensément paresseux, et passent et repassent devant les pâtisseries et les merceries saumurées et fétides de ce quartier où les mousquetaires venaient autrefois se battre en duel.

Des journalistes·de Londres ou de Berlin s'évertuent parfois à les photographier. Mais les vieillards deviennent alors prodigieusement agiles. Il faut les traquer comme des hyènes. Un journaliste particulièrement heureux réussit à en pincer un par hasard, à le coincer entre deux piles de bouquins et à le « prendre » dans un clignement de Leika. Le vieux se détendit alors, projeta ses bras en avant, chercha à avaler l'appareil, et se jeta dans la rue en ameutant tous ses collègues en âge et en saleté par des hurlements de monstre mourant.

Affublées de perruques de soie ou de crin, maquillées, souvent tatouées, maladives, grasses, laides à faire peur, des femmes énigmatiques soulèvent et abaissent leurs paupières larges sur ces faits divers qui ne peuvent qu'appeler sur ce lopin de terre juive en France les foudres d'Israël. On aperçoit pourtant par intervalles, dans un magma de vieilles chairs, quelque beauté fulgurante. De vraies gazelles aux joues de cire parfumée, des filles de Shéhérazade, des Sultanes aux yeux d'aiglonne et qui font rêver le passant. On se retourne : elles se sont déjà confondues à leur famille épaisse. Ces étranges vierges sont aussi recherchées par les littérateurs de rencontre comme types caractéristiques dignes d'illustrer des volumes, mais elles fuient comme les Chassidims devant l'objectif, et aimeraient mieux mourir que de contrevenir aux ordres gravés dans les rouleaux de la Loi.

Il n'y a pas de question juive en France, du moins dans le cadre du ghetto, dont les indigènes sont trop occupés à comparer les avantages respectifs et les parties de sainteté de leurs sectes. La plupart d'entre eux, du reste, commerçants aimables, infiniment doux et sérieux, condamnent sévèrement la paresse et la saleté des émigrés de Galicie ou d'Ukraine, dont l'accoutrement et les habitudes font, à leur sentiment, un tort considérable au Peuple Élu. Rue des Rosiers, la règle est de s'*occidentaliser* un peu chaque jour. La police de Varsovie, où le Juif est nombreux et remuant, dispose en ce moment de pompes automobiles ingénieuses, rapides, nationales et antisémites. Elle ne se prive pas d'arroser abondamment les étudiants ou syndicalistes juifs au moindre mouvement de mauvaise humeur. Rien de pareil en France. Des forces antisémites ont bien essayé d'envahir tout récemment le quartier juif de Paris. Mais le Juif parisien est courageux, et il le fit bien voir à l'occasion de cette descente.

Assurément, il y a une minorité juive qui abandonne un jour le ghetto, à Paris comme à Wilno ou à Cracovie, qui fuit ces campements sordides après fortune faite, achète des équipages, s'habille à Londres, prend divers trains bleus et se montre dans les casinos. Mais elle regrette le décor éblouissant des premiers pas et revient souvent à ces sources d'énergie qui produisent des chirurgiens, des pianistes, des banquiers et parfois de grands électeurs, comme Baruch, le grand argentier du parti démocrate aux États-Unis, l'homme de Roosevelt. Comment ne pas éprouver en effet la nostalgie d'un ghetto quand on est juif bon teint, ce quartier fût-il minuscule comme le ghetto parisien, dont le pittoresque ramassé ne le cède en rien à celui des grands centres. Ici comme ailleurs, les bouchers s'appellent Simon Klotz, les drapiers

Hirschfeld, le pain azyme de la rue des Écouffes est le meilleur du Continent, le seul véritable puisqu'il est fabriqué sous la surveillance du Grand Rabbin, lequel se fait assister pour ce rite d'un autre rabbin.

Des détritus croupissent dans les ruisseaux, mêlés aux enfants chétifs, aux chats eczémateux. Une odeur de beignets, de cuisses chaudes, de poireaux traîne à la hauteur des rez-de-chaussée. Des silhouettes ornées de tresses traversent les rues étroites et vont s'approvisionner en sirops ou en chaussons de moujik dans les librairies-restaurants. Rares sont les taxis qui se hasardent dans ce bazar. Tous les Juifs d'un ghetto se connaissent, s'épient, passent leur vie à jouer serré sur le plan de la rapacité : aucun d'eux ne voudrait fournir à ses semblables la preuve d'une trahison, d'une faiblesse. Celui qui désire se faire véhiculer est déjà marqué pour le départ, les Champs-Élysées, la politique ou les grandes affaires.

En attendant ce miracle, la population campe, patiente et résignée, sur les trottoirs, rêve devant les étalages de livres de prières, les mystères talmudiques, qui ressemblent sous le verre des vitrines à des tapis, les romans d'amour ou de sport en langue hébraïque, dont les caractères évoquent des dessins de grilles, des formes de guisarmes ou d'artichauts, des gardes de sabres. Les plus ardents achètent chez le marchand de fétiches et de cassolettes ces porte-bonheur, pareils à des cure-dents, appelés mezuzas, et que l'on fixe chez soi, à côté de la porte d'entrée, de façon à les avoir sous les yeux à tout moment, et surtout quand on rentre dans un intérieur misérable à ces heures tardives où l'argent et l'amour manquent.

Le matin, des vieillards barbus et ridés, mélangés

de génie et de crainte, de grands promeneurs accablés et pensifs, que l'on devine malicieux et instruits, qui ont à la fois l'air de transporter des fardeaux de nostalgie et de détenir des secrets, de vénérables marchands tombés de quelque musée hollandais s'acheminent sans rien voir vers la synagogue, comme des chefs, et le prolétariat juif de la rue des Rosiers les regarde avec envie et stupeur, car ils sont sages et riches.

Pour le chrétien que trouble la chose juive, un ghetto est toujours plein d'énigmes. Celui de Paris est enjolivé d'enseignes ravissantes, de réclames pour pensions yiddisch de Deauville, d'affiches relatives à quelque théâtre juif, rehaussées de ferrures et d'ornements architecturaux. C'est un département humain immonde et splendide, peint, criard, ouvragé, rembourré de richesses clandestines, d'accumulations singulières, d'où partent des cours et des ruelles difformes et fangeuses, des sentiers de maisons puantes, bordées de magasins dont les inscriptions hébraïques composent un paysage graphique aussi biscornu que ténébreux. Mais le ghetto parisien, si mêlé à l'arrondissement qui le renferme comme une teigne, comporte aussi des relents d'histoire.

La rue du Roi-de-Sicile, ce nom pour crimes balzaciens, se poursuit et glisse vers un horizon de tristesse. Après la fameuse boulangerie juive, où les amateurs et les initiés viennent de tous les quartiers de Paris chercher des gâteaux spéciaux, les meilleurs et les plus bizarres de formes que l'on puisse concevoir, les boutiques et les restaurants s'espacent. Il semble que la rue bâille de souvenirs. Elle tourne assez brusquement, dans une sorte d'angoisse, et se jette dans la rue Malher, laquelle s'appelait rue des Balais quand les Septembriseurs se massèrent un matin devant la prison de la Force, qui s'y trouvait à l'angle du faubourg Saint-Antoine, en massacrèrent tous les prisonniers, décollèrent la princesse de Lamballe, fichèrent sa tête au bout d'une pique, l'oublièrent parfois dans les coins des mastroquets où ils s'arrêtaient, marchèrent sur le Palais-Royal, et la haussèrent devant les fenêtres d'une salle où son amant jouait aux cartes avec ses amis.

Les filles superbes et dégénérées de la foule juive qui font le guet rue Pavée rêvent peut-être à cet horrible souvenir en louchant de leurs longs yeux verts sur les assiettes de volaille de quelque bistrot israélite, où de vieux ivrognes ne souhaitent plus qu'une chose : mourir dans une patrie libérale et facile qui n'autorise pas les pogroms...

Le Marais

Tout jeune, j'ai compris ce que c'était que la splendeur du Marais en accompagnant un jour, à l'hôtel Soubise, où sont conservées aujourd'hui les Archives Nationales, un vieil homme de lettres qui allait serrer la main du Garde Général et jeter les yeux sur quelques pièces incomparablement belles et incomparablement classées. On ne sait pas assez que la France, par l'état d'avancement de ses inventaires publiés, est à la tête des autres pays. Je ne le savais pas encore ce jour-là, et je ne savais pas non plus devoir trouver, dans les salles du Musée Paléographique et Sigillographique de Paris, un ensemble de documents qui me donnèrent le frisson.

Le souvenir de ce premier choc est encore présent à ma mémoire. Pour mieux jouir de mon étonnement et de sa supériorité sur moi, car il avait le goût du commentaire bien tourné, le bonhomme me montra en bloc et comme à bout portant les merveilles de ce lieu : l'Édit de Nantes, la Déclaration des Droits de l'Homme, le testament de Louis XVI, la dernière lettre de Marie-Antoinette, le procès-verbal de l'exécution de Louis XVI, le fameux Décret de Moscou, toujours en vigueur ; des lettres, des testaments, des documents concernant les Mérovingiens, le Grand Siècle, la Révolution ; la table ornée de bronzes sur laquelle fut déposé Robespierre blessé. Mis en appétit par cette abondance, je demandai à voir le codicille au testament de Napoléon dont j'avais entendu parler par des amis de mon père. Mais l'armoire de fer des Archives ne s'ouvrit pas pour nous ce jour-là. « C'est parce que tu es encore trop jeune », murmura le vieil homme de lettres.

Les deux salons ovales de l'hôtel de Soubise et la chambre de la Princesse ont servi de modèle à toute l'Europe d'autrefois : ce sont, d'ailleurs, les documents les plus purs que nous ayons sur le goût français et sur l'art ornemental de la Renaissance. Il n'est pas une demeure du vieux monde digne de ce nom qui ne rappelle, par quelque détail, les dessins de Boffrand, la façade de Delamair, les coups de ciseau de Lemoyne, les raffinements de Van Loo ou de Boucher. En quittant la rue des Francs-Bourgeois, mon vieil archiviste me dit à voix basse qu'il considérait l'hôtel de Soubise comme la plus admirable maison du monde. Pourtant, comme il était « du Marais », il fut obligé de répéter ce compliment devant un nombre considérable d'hôtels, qui font de ce quartier une sorte de ville d'art dans Paris.

Le Marais est constitué par la partie orientale du troisième arrondissement et par la place des Vosges et ses environs, qui appartiennent au quatrième. C'est une province dont les frontières naturelles sont assez connues et très apparentes : l'église Saint-Gervais et les Archives de l'Est, la Seine, le boulevard Henri-IV, au Sud ; au Nord, l'église Saint-Denis du Saint-

Sacrement et le boulevard Beaumarchais. Avant d'être un véritable musée de vieux hôtels plus étincelants, plus distingués les uns que les autres, avant d'être le seul quartier de Paris qui dût avoir la chance de réunir les spécimens de toutes les époques françaises, le Marais était, tout simplement, un marais. A la fin du XVIe siècle, la région se composait de terrains maraîchers que la Seine recouvrait de limons pour peu qu'elle débordât. Cette partie de Paris était couverte de joncs, d'herbes aux longues tiges, de saules et d'absinthes. Une forte odeur de menthe y précédait les odeurs de poudre des marquises du XVIIe siècle et le renfermé qui y règne en maître depuis la fondation de la Troisième République. Deux grandes voies édifiées par les Romains coupaient seulement cette colonie marécageuse, les routes de Senlis et de l'Est, que les Parisiens devaient appeler un jour la rue Saint-Martin et la rue Saint-Antoine. Pourtant, l'endroit était aimable, riant, la terre semblait fertile. Les premiers habitants du Marais n'allaient pas tarder à s'installer en bordure des bras de la Seine, à bâtir des maisonnettes, et à y élever une église qui n'est autre que Saint-Paul. L'ancien bourbier devait en quelques années donner naissance à un quartier aristocratique comme on en vit peu en Europe, et y attirer l'histoire de France, de la galanterie à l'assassinat.

Il faudrait des volumes et des bibliothèques pour raconter l'histoire du Marais, si profondément français par toutes ses pierres, si mêlé aux caprices de l'Histoire que l'oubli des hommes et les progrès de l'urbanisme n'y ont porté aucune atteinte. Rien n'a moins bougé que les hôtels de la rue des Guillemites, de la rue de l'Ave-Maria, de la rue Barbette ou de la

rue des Lions. Aujourd'hui comme hier, les propriétaires pourraient rentrer dans leurs demeures sans
trop manifester de surprise. Il semble qu'on y ait
distribué le progrès au compte-gouttes, par honte, par
peur du moderne. Quelqu'un disait, en prenant
possession de l'hôtel de Villedeuil, longtemps habité
au xviie siècle par un singulier sosie de Louis XIV, le
marquis de Dangeau : « C'est si peu de l'électricité
qu'il vaudrait carrément mieux s'en tenir pour toujours aux bougies. »

J'ai accompagné, des jours entiers, dans le laby-
rinthe du Marais, quelque temps après la guerre, une
fort jolie dame américaine que ces somptueuses
demeures avaient grisée : hôtel Lamoignon, hôtel
Lefèvre d'Ormesson, hôtel de Châlons-Luxembourg,
dont la porte est inoubliable, hôtel d'Antonin d'Au-
bray, hôtel de Fleury... Bref, elle en rêvait. Du rêve
elle fit un bond chez les marchands de biens et leur
expliqua en ma présence qu'elle voulait absolument
acheter un hôtel « avec rampes, bas-reliefs, tourelles
d'entrée, moulures, escaliers de pierre, moucheurs de
chandelle, etc. ». Le malheur est que les maisons sur
lesquelles elle jetait son dévolu étaient généralement
occupées par des écoles de la Ville de Paris, des
prêteurs sur gages, des musées, des bronziers, des
notaires crochus et myopes, des associations, des
administrations, ou des particuliers qui n'avaient pas
la moindre envie du monde de quitter leurs vieilleries.
« Mais, disait-elle, puisque je me propose, puisque je
prétends inviter tout le monde chez moi ? Je veux
donner des réceptions comme au grand siècle. Comme
la reine Margot. » Ayant décidé que son charme et son
argent feraient tout, même dans une ville comme Paris

où les administrations sont lentes et indifférentes, elle résolut d'attaquer le Marais par le haut, c'est-à-dire par le gouvernement, et se mit à inviter des ministres, des archivistes, des ambassadeurs à sa table, dans un palace où le plus officiel des hommes se rend toujours avec plaisir.

Un soir, excédé par les supplications de la dame, qui n'en finissait pas d'exiger un hôtel du troisième arrondissement afin de faire « histoire » dans sa famille, un diplomate lui dit, de l'air le plus sérieux du monde : « J'ai enfin trouvé un hôtel à vendre. C'est la demeure la plus bourrée de passé que vous puissiez concevoir. Le meilleur de la France y a dormi, aimé, joué, tué. Des rois, des princesses, des ducs. Tout ce que Paris a de sonore, de distingué, de noble, de précieux se trouve réuni là comme par magie. Enfin, j'ajouterai que je puis m'entremettre, chère amie, pour la vente de ce trésor. Nous pourrions faire affaire tout à l'heure dans un petit salon. » Rouge de satisfaction, la jeune Américaine, qui croyait qu'il n'y avait pas trop de différence entre un collier de perles, une voiture et une vieille demeure parisienne, déclara qu'elle était prête à signer un chèque et qu'elle entendait emménager dès le lendemain. « C'est deux cents milliards », lui dit très sérieusement le diplomate. Depuis ce jour, ma pauvre amie n'a jamais plus manifesté le désir d'habiter dans un hôtel du xvie siècle...

Le chef-d'œuvre du Marais aux cent hôtels, aux mille petites rues enchevêtrées, si sombres, si tortueuses, si curieusement nommées, si hostiles à la circulation moderne que les taxis ne s'y aventurent qu'en maugréant, le chef-d'œuvre de ce vieux Paris si complet, c'est la place Royale, aujourd'hui appelée place des Vosges en l'honneur du premier département français qui solda ses contributions en l'an VIII. Il y a une grande idée au fond de cette récompense et, par ces temps de budgets difficiles, on devrait bien songer à décerner une médaille ou à donner un bureau de tabac au premier Français qui, chaque année, réglerait ses contributions sans tricher...

La première maison de la place Royale date de 1605 et servait d'habitation aux entrepreneurs des manufactures de soieries. Passant un jour par là, Henri IV eut l'idée de faire construire, à côté de cette première habitation, d'autres constructions absolument semblables, dont l'ensemble constituerait une place quadrangulaire. La première préoccupation d'Henri IV fut de veiller d'abord à la construction des deux bâtiments qui formeraient l'axe de la place, et qui ne sont autres que le pavillon du Roi et le pavillon de la Reine. Ce joli concert de maisons roses, calmes, attirantes et racées occupe la plus grande partie des anciens jardins de l'hôtel des Tournelles, encore une maison célèbre, qui vit mourir Henri II blessé à mort par Montgomery... Marie de Médicis, la Florentine qui avait le sens de l'harmonie et de la grandeur, inaugura la place Royale en 1612. Du jour au lendemain, le Paris élégant s'y précipita, s'y installa, s'y promena, y donna des fêtes.

Rien n'est moins élégant aujourd'hui que ce paysage de briques mariées aux pierres, que cette ordonnance chatoyante, qui ne convient ni aux stylographes, ni aux Bugatti, ni au linge peu encombrant des mondaines de 1939. Il faut un rude effort de pensée au badaud pour concevoir sans effroi que Mme de Sévigné naquit place des Vosges, que, plus tard, Marion

Delorme, Richelieu, Dangeau, Victor Hugo, habitè-
rent cette petite ville dans la ville que soutiennent,
comme des pilotis, de fines et douces arcades. Peut-on
imaginer aujourd'hui que Louis XIII se soit marié là
avec un cérémonial, une splendeur, et dans un
déhanchement de couleurs, d'armes, de panaches,
dont le détail et la minutie ne nous sont révélés que
par un tableau conservé à Carnavalet ? De nos jours, la
place des Vosges n'est plus que le refuge des carto-
manciennes, des petits armuriers, des usuriers et des
avoués. L'appartement, le dentiste, le marchand de
charbon y sont à la portée de toutes les bourses. Peu
d'endroits pourtant ont conservé autant de charme.
Chaque après-midi, pendant les beaux jours, de
grands bourgeois frais émoulus de la plaine Monceau
inspectent soigneusement la place rose et grise, pal-
pent les arcades et promènent le regard sur la brique,
dans l'espoir de dénicher un appartement aux longues
et minces fenêtres, aux portes épaisses, un appartement « savoureux », comme ils disent, et que
l'on pourrait heureusement transformer pour
« cocktails ». Eux aussi rêvent à Mlle de Scudéry, au
pays du Tendre, dont ce quartier était autrefois la
capitale, à l'élite des précieuses, à Ninon de Lenclos,
aux Estrade, à Rotrou, aux Chabot, à Cyrano de
Bergerac. Les descendants de cette société raffinée
logent maintenant avenue Foch ou à Neuilly, et n'en
finissent pas d'étaler leur besoin d'air, de golf, de
garages. La place Royale et les rues du Marais ont été
abandonnées aux classes moyennes. L'ombre des
voyous court sur les murs là où se dessinait jadis la
silhouette des carrosses. Des filles aux fortes épaules,
aux chevilles grasses, qui descendent sur les trottoirs

avec leurs chaises et leurs tricots, ont envahi l'endroit charmant où l'on faisait des vers quand on ne se battait pas en duel, où il n'était question ni de courses, ni de sport, ni d'élections, mais d'amour et d'intrigues. Tout serait donc mort de ce passé fragile, unique, inconcevable ? Non. Parfois, de quelque vieil hôtel de la rue du Pas-de-la-Mule, de la rue Geoffroy-l'Asnier ou de la rue Barbette, sort un vieil aristocrate rabougri, sorte de capitaine Fracasse, décoré de la Légion d'honneur et soutenu « par un appareil Franck et Braun », et qui semble vouloir expulser l'Ennemi de son quartier, où logèrent les rois de France...

Jardin des Plantes
Halle aux Vins

Que de patience accumulée, que de présence spirituelle, que de fantômes, dans ce quadrilatère parisien dont le Jardin des Plantes constitue en quelque sorte la Capitale ! Des médecins, des savants, des écrivains ont travaillé, ont médité là : Fagon, Tournefort, Buffon, Bernardin de Saint-Pierre, Lamarck l'aveugle, Cuvier, Geoffroy Saint-Hilaire, les Jussieu de Lyon, Daubenton qui, en bon républicain, n'admettait pas le « roi » des animaux, Claude Bernard, La Bruyère, Michelet, Balzac, les Goncourt, Bourget... Peu d'endroits gardent le souvenir de tant d'hommes. On a le droit de préférer Berlin, Batoum, Hambourg, Cadix, à notre institution républicaine modeste, assez peu gâtée par les pouvoirs publics, mais combien « excitante pour l'esprit », selon le mot de Barrès ! On ne saurait oublier que le Jardin des Plantes de Paris a une galerie d'ancêtres comme personne au monde, et des souvenirs de science, de dévouement, de passion qui en font autre chose qu'un square organisé militairement et privé de charme, comme sont beaucoup d'établissements étrangers.

Le Jardin des Plantes, qu'Édouard Drumont appelle

avec raison, dans *Mon vieux Paris*, le plus beau jardin botanique de l'univers, est l'œuvre de deux médecins du xviie siècle, Hérouard et Gui de La Brosse. Les lettres patentes qui lui confèrent une existence officielle et autonome sont de 1635, un an avant *le Cid*, une grande année, comme on dirait pour un vin... Mais le projet d'un jardin parisien est beaucoup plus ancien. Au xve siècle, Houel rêvait déjà d'un jardin d'apothicaires. Par la suite, on parla de Jardin des Simples, de Jardin aux plantes médicinales. Enfin, sous le règne de Louis XIII, l'idée d'un établissement scientifique permanent prit corps. Gui de La Brosse créa les premières chaires d'enseignement. Fagon, médecin de Louis XIV, Tournefort, Vaillant et les deux Jussieu se succédèrent à la chaire de botanique. Buffon, à qui ce jardin allait comme un gant, lui fit faire en avant un mouvement considérable. Geoffroy Saint-Hilaire mit sur barreaux la ménagerie. Mais, depuis le xviie siècle, quelle que soit la branche que l'on examine, c'est partout, en botanique, en histoire naturelle, en minéralogie, une complète lignée de savants, de directeurs illustres que Paris, trop comblé sur trop de points, méconnaît : Chevreul, Milne-Edwards, Edmond Perrier, Mangin...

Aujourd'hui, avec ses salles de cours et ses laboratoires, ses galeries de collections, ses dessins d'histoire naturelle de 1630 à nos jours, ses caméléons arlequinés, ses phyllies, feuilles ambulantes, ses phasmes, bâtons du diable, ses poissons aveugles, ses araignées de la taille d'une main de gloire, ses dioramas d'animaux dans des paysages polaires, son cèdre de 1735, ses insectes mimétiques, le Jardin des Plantes est un jardin de rêverie et d'amour, une curiosité incomparable de Paris, un lieu de rendez-vous pour philosophes. On aime que ce cadre éloquent, tout frémissant de rêves de crocodiles, de contorsions majuscules de serpents, de bâillements de tigres et de chuchotements de plantes rares, ait été celui de deux romans : *le Père Goriot* et *le Disciple*.

Mais, à côté de ces deux récits connus, que d'aventures s'ébauchent et se défont dans cet endroit de Paris si accueillant ! J'ai beaucoup fréquenté, avant la guerre, deux amoureux qui se retrouvaient chaque nuit dans un restaurant de la rue des Fossés-Saint-Bernard. Tous deux s'étaient connus sur les chevaux de bois de la place Valhubert et tenaient depuis ce jour à passer pour ce qu'ils n'étaient pas. Lui, un grand gaillard à lunettes, faisait régulièrement le mur de l'École Polytechnique, décrochait un feutre de mauvais goût chez un copain de la place Maubert, et se donnait pour un artiste désœuvré et anarchiste. Elle, venait de la place Victor-Hugo, descendait de fiacre au coin du pont Sully, se faisait une beauté de barrière en longeant la Halle aux Vins, jouissait dans le bistrot d'un prestige de môme de Paname, auprès du jeune homme qu'une acné traditionnelle rendait plus timide et plus rougissant encore. Nous goûtions ensemble aux spécialités du Mâconnais que le cafetier étalait sous nos yeux. L'odeur du marché public aux vins et spiritueux répandait dans la nuit d'été un remugle de carnage qui finissait par griser ceux qui n'avaient pas l'habitude de ces ruelles. Des employés du Muséum, de ceux que Balzac appelle les *casquettifères,* terminaient de lentes manilles sous le gaz. Un rugissement de lion ébranlait parfois le hall d'air dans lequel le quartier semblait s'être glissé avec ses tonneaux, ses chimpanzés et ses hydrophiles...

J'observais les deux amoureux, qui n'avaient pas l'air très catholique. Tous deux parlaient avec beaucoup de circonspection, comme deux illustres escrocs qui craindraient d'être pris en faute. Ils avaient mutuellement peur de se déplaire. Lui s'efforçait d'entretenir une conversation en émaillant ses monologues de vers de Bruant relatifs à la prison de Mazas, nom d'un brave donné à l'ancienne prison de la *Nouvelle Force :* « *Vrai, j' m'enfil'rais ben un' bouteille ; à présent qu' t'es sortie d' là-bas ; envoy'-moi donc un peu d'oseille ; à Mazas...* » La jeune femme s'y laissait prendre et croyait avoir affaire à mylord l'Arsouille en personne. Ravie de passer pour une vamp dangereuse aux yeux d'un inconnu qu'elle prenait pour un mec à la redresse, elle raffinait sur le vulgaire et faisait de son mieux pour manger avec ses doigts. En réalité, elle était affectée de quelques millions et ne savait comment employer le plus agréablement son temps. Ces deux gosses, car ils étaient jeunes, s'aperçurent de leur supercherie réciproque un jour où s'éleva entre eux une discussion un peu vive à propos de quelques détails concernant le Jardin des Plantes. Piqué au vif, le polytechnicien donna brusquement la traduction exacte de la devise qui orne la coupole du Belvédère : *Horas non numero nisi serenas...* Puis, il s'empara du menu de la boutique et, crayon en main, expliqua le mécanisme de l'appareil que M. de Buffon avait établi sur ce Belvédère, et qui sonnait régulièrement et exactement le milieu du jour...

La jeune femme comprit alors qu'elle avait affaire à un fort en thème et qui s'était joué d'elle. A partir de ce jour, mes deux amis, dont j'avais pour ma part respecté l'anonymat, ne songèrent plus à s'embrasser. Elle, du moins, était redevenue mondaine, un peu femme savante. Je ne les entendis bientôt plus parler que de l'arbre aux Quarante Écus, ou Ginko Biloba, des albums de fleurs de Van Spaendonck, ou de la première girafe qui vint en France en 1827, et que MM. Cuvier et Geoffroy Saint-Hilaire, ainsi que tous les membres de l'Administration du Muséum, présentèrent au Roi de France à Saint-Cloud, comme nous ferions aujourd'hui pour une cousine du Négus, un cheval de course ou une reine de beauté...

Un beau matin, à l'occasion d'un procès, si j'ai bonne mémoire, le polytechnicien apprit par les journaux que sa « môme » était riche de trente ou quarante millions. Par pudeur, par discrétion aussi, peut-être par amour, elle ne se montra plus dans la rue des Fossés-Saint-Bernard. Le jeune homme fut tué quelque part en novembre 1914. Quant à la demoiselle, il lui fut impossible de s'arracher aux fantômes du Jardin des Plantes. Elle s'est mariée, et chasse, dit-on... Peut-être envoie-t-elle de temps à autre quelque mammifère d'espèce assez peu répandue au quartier parisien où se déroulèrent ses premières amours...

Depuis ce temps, il ne se passe guère de saison que je n'aille dîner, seul ou avec de respectables amis, dans ce paysage limité par les quais Saint-Bernard et d'Austerlitz, et qui s'honore, outre le Jardin, d'une mosquée, d'un amphithéâtre gallo-romain qui date du temps d'Hadrien, d'une gare délaissée, d'un hôpital, de murs d'école et d'églises singulières. L'« autobus » Place Pigalle-Halle aux Vins dépose, dans ce silence tout provincial, des gars de Montmartre en vadrouille sentimentale, et des bourgeois de la rue des Martyrs qui veulent changer d'air. La plupart de ces touristes sont attirés ici par des promesses de vins de choix. Il est assez curieux et poétique que l'Entrepôt occupe aujourd'hui l'emplacement qui fut autrefois quasi réservé, par définition, aux édifices religieux. On peut même se demander ce que fait tout ce liquide dans un quartier que tout semblait disposer à l'austérité : l'Abbaye de Saint-Victor, où fréquentèrent Pierre Abélard, saint Bernard et saint Thomas de Cantorbéry, un couvent de Bernardins devenu caserne de sapeurs-pompiers, une chapelle dédiée à saint Ambroise... Autrefois, on chantait à cet endroit de la Seine des hymnes dont la plupart furent composées par le chanoine Santeuil. C'est peut-être le couplet qui a rendu possible la transition de la période religieuse à la période bachique. Si les tonneliers, marchands, dégustateurs, limonadiers et rats de cave se taisent, ce sont les rues de la Cité du Vin qui sont éloquentes aujourd'hui : rue de Bordeaux, de Champagne, de Graves, de Languedoc, de Touraine... L'Entrepôt se trouve partagé dans toute sa longueur par la rue de la Côte-d'Or, donnant ainsi la préférence aux vins de Bourgogne, une des spécialités les plus authentiquement, les plus parfaitement françaises, et qui méritent partout le coup de chapeau. Les acheteurs au détail de nos grands crus, les chauffeurs des énormes camions Grutli, les plongeurs ou sommeliers de Paris constituent une sorte de Bourse à part, dont la rumeur et les parfums dépassent de beaucoup l'atmosphère des Bourses abstraites, où l'on ne se grise que de chiffres...

La Halle aux Vins, contrairement à ce que l'on

pourrait croire, est un des endroits les plus silencieux de Paris. Tout le quartier a d'ailleurs conservé, depuis que les Sciences Naturelles, le vignoble et le pressoir ont pris la place des couvents, une tranquillité religieuse. Le voyou y est rare, le comptable poli, le badaud respectueux. Pendant que les charretiers font manœuvrer leurs chevaux dans les allées de l'Entrepôt, les épouses et les enfants vont rêver devant les arbres du Jardin des Plantes, étiquetés comme des coureurs. A midi, tout ce monde se réunit au Chalet du Jardin, chez Monti, chez Marius ou chez l'épicier Ducottet. Il n'y a pas si longtemps, des peintres et des aristocrates allaient rejoindre les marchands au Fer à Cheval, ou chez la poétesse Destra, dont les spécialités étaient plus célèbres que les élucubrations...

Loin de se distinguer dans le domaine scientifique, ce qui eût été la chose la plus aisée du monde, le quartier s'est fait connaître aux profanes par ses avances à l'Orientalisme et à la Politique. Pour complaire à ce délicieux Si-Kaddour-Ben-Gabrit, ministre plénipotentiaire, à qui nous devons, paraît-il, le Maroc, la République Française a fait construire une agréable et douce mosquée au coin des rues Geoffroy-Saint-Hilaire et Censier. D'autre part, le professeur d'anthropologie Paul Rivet s'est classé depuis quelque temps comme un chef politique des plus écouté. Signes importants. Mais n'oublions pas que l'endroit est fortement mêlé aux caprices de l'Histoire de France, et que c'est la Convention qui donna le nom de Muséum au Jardin des Plantes...

Le musée des mondes perdus

Les documents anatomiques relatifs à tous les animaux que l'œil de l'homme ait pu connaître ou reconstituer depuis l'apparition de la vie sur la planète, comme le résultat des fouilles qui expédient nos mémoires aux époques antédiluviennes et aux empreintes digitales de l'homme préhistorique, on été accumulés au Jardin des Plantes, le long de la rue de Buffon, non loin de la station du métro d'Austerlitz, station cauchemar, aux spasmes de montagnes russes et qui évoque, autour du Muséum d'Histoire Naturelle, les soubresauts de la Terre, grande mangeuse de fossiles et d'ossements qu'elle ne peut digérer.

Tous ces os d'animaux défunts et pour toujours disparus, tous ces squelettes de géants et de machines, ces thorax de dieux et ces fémurs de locomotives occupent aujourd'hui le plus bel étage de la maison. C'est le genre ameublement du Monde, la galerie des vedettes dans le royaume des phénomènes. Sorte de groom aplati et pétrifié en forme de meule de gruyère, c'est la *Testudo Gigas* qui vous accueille dans le fouillis solennel de l'anatomie comparée. La *Testudo Gigas* est la plus grande tortue terrestre. On l'a trouvée à

Bournoncle-Saint-Pierre, dans la Haute-Loire. Bien qu'on l'ait localisée de façon péremptoire en un décor de miocène... ou de jurassique, je ne puis m'empêcher de penser que Louis XI, se sentant mourir, fit envoyer chercher des tortues au Cap-Vert, par caravelles... Et rien ne nous dit qu'une d'elles ne se soit amusée de grandir dans le domaine de quelque gentilhomme à qui le roi l'eût donnée...

Cette tortue de France passe le visiteur à une tortue de Madagascar qui, dit-on, bat tous les records de dimensions : c'est la *Grandidieri*, au nom magnifique de princesse italienne pour cabinets particuliers de grands restaurants. Ce musée des os passés commence comme tous les musées et brusquement, avec le fémur gauche d'un *Mastodon*, cadeau du président Jefferson à la patrie de La Fayette, nous entrons dans le colossal et le sans bornes...

Les dimensions des animaux antédiluviens et les grands escogriffes des temps préhistoriques ont toujours inspiré les humoristes et les beaux-pères que les familles de jeunes mariés traînent le dimanche dans leur sillage. Il ne se passe d'ailleurs pas de semaine que je ne voie au moins deux mammouths et un diplodocus dans les gazettes satiriques américaines où l'on montre infiniment de talent dans le spacieux grotesque. Il ne se passe pas de jour non plus que quelque visiteur ne se livre, devant les vastes thorax d'éléphants, pareils à des garages, aux métaphores traditionnelles que le fantastique inspire à la médiocrité humaine. « Quel tour de taille !... Ah ! dis donc, celui-là, quand il vous marchait sur les nougats ?... Et quand il éternuait ?... C'est plus des côtes, c'est des skis !... Des skis ? T' es pas fou, c'est des mâts ! etc. »

Et la plupart des visiteurs, loin d'être jetés dans l'impression de Création du Monde qui bout encore en cette nostalgie d'ossements, plaisantent pâteusement, la langue lourde, et courent s'emboîter les uns dans les autres dans quelque cinéma sudorifère où triomphe aujourd'hui la métaphysique du médiocre.

Moi et quelques autres nous restons là, devant le *Diplodocus,* à rêver à la taille des herbes qu'il foulait, à la quantité de l'oxygène tout frais dont il se gonflait comme un zeppelin — encore qu'il ne s'agisse ici que d'une copie, du fantôme d'un fantôme : le vrai diplodocus, celui de vingt-sept mètres, se trouvant au musée de Pittsburg. Celui de Paris n'est qu'un moulage. Quelques vibrations manquent ainsi, et les âmes douées d'une sensibilité particulière ne se sentent point bombardées par les atomes de présence et de vie dont chaque chose dispose par millions...

Selon certains savants, les diplodocus étaient bêtes comme des camions : nuit et jour ils pataugeaient dans une boue phosphorescente d'où montaient des fusées comestibles... Puis, tout couverts de goémons moirés et de fientes verdâtres, ils s'en allaient galoper sur un gazon ravissant qu'ils ont esquinté, gazon que nous appelons aujourd'hui Montagnes Rocheuses.

Le diplodocus interrogé, scruté, vidé de sa poésie de cathédrale vue aux rayons X, le regard de l'homme d'aujourd'hui, pourtant habitué aux parachutes, viaducs et automitrailleuses, ne se pose pas sans stupeur sur l'*Iguanodon,* dinosaurien du genre lézard. L'*Iguanodon,* au corps de chalutier, avait une tête de murène ivre au bout d'un tuyau d'arrosage. C'est le genre dévastateur. Dressé sur ses pattes de derrière, l'*Iguanodon* eût pu facilement déguster une douzaine de paniers d'huîtres au balcon d'un sixième étage. Après quoi il eût culbuté la maison comme on plie sa serviette et retourné trois tramways d'un coup de queue, histoire de dépenser un peu de phosphore. Nous avons beau être habitués aux trains « aéro-dynamiques » et aux immeubles de trente étages : ces monstres, qui poussaient comme des arbres au lieu de naître des cerveaux, ces bêtes de plusieurs tonnes descendent au fond de l'émotion et secouent forte-ment nos vieilles peurs éparses...

Moins énormes, l'*Arsinotherium* et le *Triceratops* commencent la série des *Mastodontes à cornes*, bœufs-rhinocéros, hippopotames crochus, sangliers-dirigea-bles, dragons à pieds d'éléphants ou phoques sur châssis de dromadaires. Ces phénomènes se permet-taient des cornes sur le front, sous le nez, entre les oreilles, dans les yeux ou sur les joues, comme nous avons des poils, des verrues ou des taches de rousseur. Ils nous sont arrivés des âges sans hommes, hélas ! en pièces détachées qu'il a fallu rafistoler et recoudre, et se présentent ainsi en un débraillé un peu sommaire : puzzle que nos imaginations désespérées et appauvries reconstituent avec passion. La plus grande partie de ces monstres viennent de l'Alaska, du Turkestan ou du Kenya, et le Français moyen se sent toujours un peu frustré d'animaux antédiluviens, comme il est privé d'or, d'émeraudes, d'esturgeons et d'hermines. Aussi pousse-t-il un soupir de nationalisme béat en présence du *Mastodon de Sansan,* dans le Gers, et qui, dit le pedigree scientifique, suivait un régime omni-vore, comme celui des pachydermes du groupe des cochons...

Entrons dans les poids-mouches. Voici l'*Hipparion*

Gracile, venu tout droit de l'Attique. Cette jeune cavale, qui portait ses ramures de cerf comme un panache, est le plus élégant des fossiles. Je donnerais toutes les Académies du monde, tous les chèques et tous les Jeux Olympiques pour l'avoir vue galoper parmi les Centaures et les Amazones. Pourtant, les modèles légers sont rares en ce salon de l'os. L'*Hipparion-Gracile,* avion de chasse, a déjà pour voisin le *Glyptodon,* tatou géant à carapace rigide, sorte d'animal du genre chauffage central, dont la lignée finit en tourelles de béton sur la ligne Maginot... « On croit savoir, proclame la fiche anthropométrique du *Glyptodon,* que les hommes primitifs se servaient de sa carapace comme abri quand il n'y avait pas de grottes... » Ainsi, déjà, des guerres de machines et d'embuscades... Signalons encore, dans la série militaire antédiluvienne, le *Mégathérium,* ou petit tank de combat, première mouture du char d'assaut. Pareil au fourmilier, le *Mégathérium,* galopait sur ses ongles recourbés dont la sole était résistante. Comme il ne pouvait grimper aux arbres, qu'il laissait sans feuilles après les avoir dévorés comme des salades, il les abattait, ou plutôt il les couchait, il les pliait, il les dépiautait !

A Durfort, dans le Gard, on a découvert les restes d'un *Elephas meridionalis* qui semblerait, au sentiment de certains savants, beaucoup plus ancien que le mammouth classique. D'où crise de patriotisme anatomique en préparation. L'*Elephas meridionalis,* comme d'ailleurs la plupart des éléphants qui se baladaient autrefois en Europe, n'avait pas de fourrure et se distinguait par des défenses assez contournées, genre modern-style. Dans ce secteur des galeries de

Paléontologie, le président Jefferson, l'homme du fémur, a trouvé un collègue : le baron Haussmann, autre mécène. C'est, en effet, le baron Haussmann qui a offert au Muséum d'Histoire Naturelle l'humérus gauche de l'éléphant trouvé à Montreuil-sous-Bois. (A vous, Georges Simenon : l'éléphant de Montreuil-sous-Bois ?...) J'en suis encore à me demander si la première rame de métro qui est arrivée à Montreuil n'a pas fondu d'admiration devant quelque féerie d'ossements, vestiges de l'ancienne France, quand nous n'étions encore que de jeunes garçons...

Passons chez les fauves. Car il faut bien qu'il y ait eu de grands lions, d'immenses tigres, puisqu'il y a eu d'immenses lézards et des rhinocéros luisants et armés commes des torpilleurs. Voici le *Machairodus,* grand chat à petite queue, comme le veut son nom de famille, et le *Raton Crabier,* dont celui-là devait faire ses délices, puisque le premier est grand comme un âne et le second petit comme un lièvre.

Le baron Edmond de Rothschild, qui a enrichi la plupart des collections publiques françaises, a offert un assez bon choix de carnassiers au Muséum d'Histoire Naturelle : trois ours, trois lions, une hyène et un loup de l'époque quaternaire. Le lion, ô miracle ! a été découvert dans les cavernes de l'Ariège. Il est beaucoup plus grand que le lion abyssin, le lion des ménageries ou le lion de la Metro-Goldwyn. Ce devait être un bon lion de cauchemar de géant ! D'une façon générale, les marins semblent être allés de la baleine à l'anchois, les terriens du diplodocus au cobaye et les oiseaux de l'autruche au serin. Que nos cerfs de chasse à courre, nos cerfs pour cocus sont ridicules à côté du *Cervus Megaceros* d'Irlande au bois d'auroch ! Que notre autruche serait déplacée, mal vêtue, mal ficelée dans cette rangée de volatiles lourds qui termine la galerie sous le nom de *Dinornis*...

... Ces trois petits duvets incolores, pareils à ceux que nous croyons détachés des pigeons et qui planent au printemps dans les toiles d'araignée du soleil, quelle main pieuse les a encadrés, quelle imagination particularisée les a baptisés : « plumes de Dinornis » ? Le duc de Berry, frère de Charles V, ne possédait-il pas dans ses collections une plume de l'aile de l'Ange de l'Annonciation ?...

C'est ici, dans ces galeries, que la force et le charme de la Création s'expriment le plus étrangement par la poésie poignante et mystérieuse de l'infiniment grand et de l'infiniment petit, mais dans une sorte d'angoisse et de doute. Où, et comment, surgit un jour la bizarre personnalité de cet inconnaissable animal qui chemine si lentement sur le sol secret de la planète ?...

« Allez ! comme disait Jules Moinaux, remettons le monde en question ! »

Crépuscule rue de Lappe

Ce soir-là, j'avais eu, dans un restaurant de la place de la Bastille, où je dînais avec de chers amis, une courte altercation, « à propos d'un parapluie », avec de vagues clients venus pour des paupiettes « terminées », comme il leur fut dit. Nous n'attendîmes pas longtemps avant de nous bouder. Il y avait, dans la bande de ces dîneurs déçus, un voyou très « modern-style » qui ressemblait à une bottine jaune, et dont le parler était assez plaisant à entendre malgré l'afféterie qui s'en évaporait. Quelques instants plus tard, après avoir flâné entre des autobus, le long de la Tour d'Argent du lieu, et vidé quelques cafés tièdes chez Victor, je retrouvai mon type dans un grand bar de la rue de Lappe.

Cet ancien joyau d'ombre du onzième arrondissement a joliment changé en quelques années. Ce n'est plus qu'une artère, une varice gluante d'enseignes électriques de la dernière heure, qui semble ouverte et de laquelle s'échappe un aigre sang de music-hall. Des voyous en melon traînent le long des voûtes comme des soldats de plomb froissés. Des chats traversent le pavé suintant et ronronnent le long de la cheville des agents cyclistes. Des hommes privés de faux col, pour faire « sport », se soulagent longuement sous les portes cochères, pendant que les échantillons du haut snobisme, venus là par Delage ou Bugatti, admirent sans réserve des types humains si libres d'allure...

Jadis, des touffes de vérité populaire, des fusées de vice naïf montaient comme des jets d'eau vers les oreilles du promeneur. Aujourd'hui, ce sont les chansons de Chevalier, de Constantin Rossi ou de Lucienne Boyer qui passent à travers murs, poussées par la même machinerie qui les gosille ailleurs, sur les tables de bridge de la plaine Monceau ou sur les genoux des mondaines des avenues balayées. Des haut-parleurs ont été fixés un peu partout, comme des avertisseurs d'incendie, et les couplets en dégoulinent pour créer une atmosphère à la fois moderne et canaille.

> *Achetez-moi mes mandarines,*
> *Et dites-moi où vous perchez...*

ou bien :

> *C'est moi, le chéri des dames...*

et encore :

> *Dis-moi... pourquoi malgré tout je t'aime...*
> *Pourquoi je reviens quand même...*
> *Toujours vers toi...*

Rengaines déchirantes, dont la pluie, sur les « déca-potables » et les « touristes temporaires », rappelle aux vieilles et aux vieux que le cœur est simplement accommodé, mais qu'il demeure sous les plâtras et les décombres...

Nous entrons à la Boule Rouge, toute sonore de copeaux d'accordéon. Douze garçons s'élancent à notre poursuite et nous indiquent le chemin vers les banquettes dites du fond, où il reste quelques places encore entre des soldats et des bourgeoises du peuple. On ne vous laisse même pas le temps de choisir du regard un endroit plus propre à vous recevoir, ni même le loisir de vous orienter dans ce parc colorié comme une coupe anatomique et constellé de girandoles et de pièces électriques payables par traites. La loi est de suivre quelque maître de cérémonies qui fait sa salle comme on fait un wagon-lit. Des consommations passent au-dessus de votre tête, ce pendant que la machine à faire des javas et même des rumbas trompette et piétine, pareille à une batteuse. Vrai, on aimerait mieux le tramway...

A peine assis, je suis abordé par le gars du restaurant, le fils de l'homme au parapluie, sorte de Pépète en fil à fil, qui le prend vexé, me confondant sans doute avec quelque « miché » louche, insulteur du peuple. Le pauvre !

— Dis, murmure-t-il d'une voix aiguë et méprisante, c'est-y que t'as l'habitude de chercher des crosses ?

— Qu'est-ce que vous voulez ? Qu'on vous remplace votre parapluie ?

— T'en fais pas pour le cure-dents. Je te demande où c'est que tu voulais en venir ?

Nous avons du mal à nous débarrasser de ce gêneur d'un nouveau genre. Le type abonde dans ces salles pourtant assez chères, dans ces palais de la cerise à l'eau-de-vie, où, lentement, le peuple des remmailleurs, des Arméniens de la « Commission », des tourneurs mobilisables, des manucures et des masseuses à domicile s'enfonce dans les premières vases du snobisme. Les surréalistes, qui sont venus ici en curieux, et les écrivains pour barmen, qui y promenaient des filles de banquiers, ont laissé là quelques « asticots » sur les tables. La bourgeoisie prolétarienne a senti qu'elle avait besoin d'art jusque dans la commande du sandwich et les confidences de la mère ardoise. Ce ne sont que propos vifs sur les *nougats*, les *peintres*, le *gring*, l'*osier* ou la *framboise*. Nous saisissons, au passage, des emportements de vocabulaire qui dénotent le pédant de l'atelier typographique ou le dévoyé de chez Potin.

— Jague ! Hé, remonte un peu les châsses !

— Ferme-la, dis, fesse d'huître !

Ces messieurs se croient obligés de dominer les drames moraux de la conscience humaine et la recherche de l'absolu par l'engueulade courte et ciselée. Les dames sont plus éternelles et plus authentiques. Aucune velléité de raffinement ne les travaille. Elles sont « nature » au-dessus des menthes vertes que les hommes les obligent à boire. Menthe verte qui ressemble souvent au potage Saint-Germain ou aux tranches napolitaines « industrialisées ». De loin, des barbeaux et des harengs les surveillent, robustes et narquois. Ils ont des casquettes pâles, semées de pointes noires, selon la mode qui trottine de Belleville à Grenelle. Quelques pantalons traînent encore parmi les mégots de la piste, rappelant les heures charmantes des pieds d'éléphant et des viscopes.

Les braves accordéonistes de l'époque Doumergue, qui scandaient les airs à coups d'espadrille, ont été remplacés par les orchestres de location promis à Cannes ou Wiesbaden. Je ne retrouve plus, pas même au Petit Balcon, cette puanteur noble et ces sourires de pègre sentimentale qui honorent encore aujourd'hui Marseille ou Hambourg. La vulgarisation a déferlé sur ces chaînes de décrépitude. Les garçons sont syndiqués, les voyous suivent des problèmes de mots croisés et vont au café comme les rentiers vont aux courses. Parfois, se jettent dans la mêlée quelques épaves des anciennes tournées de grands-ducs. Aussitôt fondent sur eux de maigres poules à ruban pour qui le pittoresque n'est pas encore assassiné et qui croient dur comme fer qu'il reste des *malabars,* des *mecs à la redresse,* des *potes réguliers* et des *tôliers costauds.* Illusions charmantes, dont les dernières lueurs se voient dans leurs prunelles tragiques et désespérées. La rue de Lappe n'est plus guère qu'un carrefour à peine suspect, aux flaques posées là par les machinistes de l'Opéra-Comique, un Tabarin pour concierges lettrés, que les Chinois de Billancourt et les garçons de bains revendeurs de « pornos » empêchent de dormir.

Du temps de l'Exposition des Arts décoratifs, quand Poiret avait encore son mot à dire, quand le pittoresque n'était pas exploité par les marchands de fonds et que le chanteur des rues n'était pas un indicateur, on trouvait rue de Lappe de jeunes éphèbes aux ongles douteux, aux chandails reprisés et aux joues fraîches, qui vous dérobaient délicieusement votre pochette en murmurant des « mon tout petit, ma

mignonne, ma fleurette », à vous réchauffer l'ennui...
Des hommes semblaient avoir vu le jour entre le
pernod et la cerisette de ces bouges libres comme
champignons en clairière. Aujourd'hui, « le Conseil
Général » lui-même serait derrière les hors-la-loi et les
hors-la-morale que les gens oseraient à peine s'en
étonner...

Mais la prospérité est sœur du rationalisme. Tous
ces cafés sont pleins. Trois fois de suite, on nous
introduit presque de force entre des accouplements de
servantes et de receveurs de tramways. On nous
pousse vers des banquettes où la voyoucratie s'expose
en famille. Nous lorgnons en passant toutes les
boutiques. Les limonadiers se pressent sur le seuil de
leurs portes et vous interpellent comme les anciens
Cosaques de la rue Pigalle : « Dites, monsieur, vous
venez pour la curiosité ? » Quelques mois encore, et
l'on parlera anglais. Des employés de Cook-Wagons-
Lits porteront à leurs lèvres ces cornets de mica par où
s'éructent leurs vociférations érudites. Déjà, les vrais
« hommes » se réfugient chez *Dupont Tout est Bon,* où
la banalité est encore de mise, dans des *tabacs* rebelles
aux effets, et tapent leurs parties de cartes sur le tapis
de tout le monde sans verser dans un académisme de
sages-femmes.

Il faut regagner son quartier et ses draps maternels.
Nous nous frayons tant bien que mal un chemin entre
des épaules de garçons fruitiers et des chignons de
braves demoiselles dont les lèvres sont mûres comme
des bigarreaux. Quelques vieilles professionnelles
nous hèlent d'une frimousse détruite et bienveillante,
cependant que, signe du progrès et du « taylorisme »,

des chauffeurs nous cueillent à la porte par le traditionnel : « Taxi, messieurs ?... »

Que ne reconstitue-t-on un fragment de la vraie rue
de Lappe dans quelque encoignure de l'Exposition, ne
serait-ce que pour apprécier le chemin parcouru ?

De l'Opéra à Montparnasse

En dehors du « Bœuf sur le Toit », du « Grand Écart » et de « Florence », que nous fréquentions à quelques-uns, comme une administration, comme le Ministère de la Nuit, bien plus comme pour une sorte d'opium et de dérivatif que par goût de la noce, je suis entré à peu près dans tous les bars qui, depuis quinze ans, donnent à Montmartre des allures de sport, d'exposition, de gare, et emplissent ces quartiers d'odeurs de chair et d'émeutes. Bars éphémères, incrustés, usés, inamovibles, russes, nègres, malgaches, lesbiens, platoniques, kermesse tumultueuse, qu'aucune ville du monde n'a pu faire entrer dans sa substance.

Dix fois ces lieux de danse et d'abandon ont changé de propriétaires et d'enseignes. Ils ont porté des noms d'oiseaux et de ports lointains, des noms tirés du Zodiaque et de la bibliothèque de l'Opéra, ou parfois empruntés à des romans, et ce vocabulaire chantant, qui ornait Paris de la place Blanche à la rue Delambre, augmentait encore la valeur de la nuit et la jouissance des noctambules.

Il me fut donné un certain hiver de visiter une vingtaine de ces boîtes en une seule nuit. Comme je descendais du « Grand Écart » pour aller serrer la main de Jef Kessel qui fêtait ce soir-là son Prix du Roman dans le quartier, en compagnie de Tardieu, de Chiappe et de Santo-au-louis-facile, de Santo, qui régnait à cette époque sur la rue Fontaine, je fus abordé devant le « Zellis », qui s'appelle aujourd'hui carrément « Chez les Nudistes », par un nègre ravissant, bien élevé, très baisemains, et possesseur pour le surplus d'un pardessus chaud et soigné de propriétaire de chevaux. Pas un nègre de jazz ou de ring. Un nègre cultivé que se disputaient quelques dames et qui eut son heure de célébrité, rapport, disait un barman de la même couleur, à des trucs en bois et en ficelle qu'il leur refilait gentiment. Sculptures invraisemblables d'ailleurs, mais, enfin, il en faut pour tous les goûts.

Cet artiste, que l'on appelait, je crois, Zilou, chez les admiratrices de l'art nègre, avait voulu tâter de la vie nocturne et se trouvait sans argent au beau milieu de Montmartre. Sans argent est une façon de parler, car le compteur du taxi qui stationnait devant le cabaret marquait cent vingt-huit francs, et son occupant ne fit aucune difficulté pour m'avouer qu'il devait toucher cette même nuit, pour prix d'un rossignol vendu à une collectionneuse, une somme de trois mille francs.

— Où est-elle, votre acheteuse ? demandai-je.

— Je ne sais pas, répondit le sculpteur : elle m'a donné rendez-vous dans une boîte dont j'ai oublié le nom.

— A Montmartre ou à Montparnasse ?

— Je ne sais pas non plus. Un nom en èze ou en ur...

Le mieux était de visiter quelques boîtes : il n'y en a guère que dix où l'on puisse espérer trouver les gens que l'on cherche. Comme mon bonhomme ne connaissait pas grand-chose à la géographie parisienne, je lui proposai de l'accompagner dans sa petite enquête. Ce qu'il accepta d'emblée, et nous grimpâmes en taxi. Notre première visite fut pour le « Liberty's », où Bob trinquait avec le Conseil d'Administration d'une Compagnie Fermière, époux bardés de plastrons qui s'amusaient comme des petites filles. Mais nous n'aperçûmes pas la mécène.

— Je crois que ce n'est pas sa place, murmura le nègre, qui avait l'œil.

Je priai le taxi d'attendre bien sagement au coin de la place Pigalle et du cinéma qui termine la rue. Un petit vent sournois à odeur de vin blanc trottait le long des maisons. Chauffeurs et chasseurs battaient la semelle devant les établissements d'où s'échappaient des fumets appétissants. Il nous venait à la gorge des envies d'omelettes et de bouillottes, mais le sculpteur n'avait pas de temps à perdre, car le compteur du taxi mijotait. Nous entrâmes successivement dans tous les bars de la rue, en commençant par le côté pair. On nous vit au Grand Duc, chez Lajunie, au Caveau Caucasien. Nous nous risquions dans ces bars minuscules qui ne résistèrent pas à la crise. Partout un visage connu nous apparaissait entre les couples tournoyants. Chaque coin de Paris semblait avoir envoyé un ambassadeur ou une ambassadrice dans chaque coin de Montmartre. Mais de dame au chèque, aucune trace.

Zilou prenait la chose gaiement et trouvait encore le moyen de sourire aux invitations des filles emmitouflées de la rue froide, qu'il prenait pour des figurantes bien stylées et polies de la « Capitale du Plaisir ». Pendant ce temps, le compteur ne s'était pas ennuyé. Il s'appelait deux cent soixante francs. L'idée qu'une course à Montparnasse s'imposait nous parut la meilleure. Pendant le trajet, le nègre me fit quelques confidences d'un ordre élevé, et conclut sur la nécessité de trouver le plus tôt possible son acheteuse, et non pas seulement parce que la fièvre du compteur avait quelque chose d'agaçant, mais parce que le projet d'un petit souper venait d'éclore en nous.

Au « Jockey », que nous avions choisi comme première étape, je reconnus d'abord un danseur en veste de cuir, autre chauffeur de taxi, entre deux tangos. Ce brave garçon, qui avait une voix chaude et gentille, chantait dans d'autres bars, faisait la quête à la manière du diseur classique, et venait dépenser le produit de sa collecte à Montparnasse, en vrai client. Paul Morand a fait de ce débrouillard, qui eut son petit succès auprès de personnes que je ne nommerai pas, le héros d'une nouvelle excellente.

La décoration du « Jockey » et le sans-gêne des clients firent impression sur la sensibilité de Zilou. Quelques amis communs nous ayant reconnus, il nous fut impossible de refuser un whisky, ce qui permit au compteur d'atteindre les environs de trois cents francs. Quand je pense à cette chasse à la femme, il me souvient d'avoir serré au passage la main de Marie Laurencin, de Derain, de Peignot, sous l'œil attristé du sculpteur qui ne savait s'il devait se fâcher ou pleurer. Vers une heure du matin, sommés par la faim, nous entrâmes dans une gargote tapie dans l'ombre de la gare Montparnasse. Un caboulot terne et bas de plafond, d'une touffeur d'aspic populaire. Le patron nous assigna une place à côté d'un groupe de charcutiers à têtes d'enfants de chœur enfoncés dans une partie de cartes. On nous servit des huîtres qui avaient la fièvre, suivies d'un tronc de saucisson qui fleurait la locomotive. Pendant ce temps, le compteur se gorgeait de francs et de centimes.

— Qu'allez-vous faire? demandai-je à Zilou.

— Attendre, répondit-il. Le café est ouvert toute la nuit. Demain matin, je téléphonerai à la dame. Elle me feüa délivrer pâ son chauffeü.

— En comptant bien, hasardai-je, il reste encore une dizaine de bars dans Paris. Nous n'avons pas visité les Champs-Élysées, la rue Molière, la rue Caumartin. La nuit ne fait que commencer. Après tout, il n'est guère que quatre heures?

— J'ai sommeil, murmura le jeune nègre, dont le corps était attiré par la banquette.

Je réglai notre immangeable souper et quittai l'artiste au petit jour. Le chauffeur de taxi ronflait à son poste et rêvait à un billet de cinq cents francs. Je passai prestement devant lui, comme on passe devant un tailleur.

Je devais revoir Zilou quelques années plus tard chez Suzy Solidor, mais il ne me reconnut pas, car je portais la barbe le jour du chèque. J'appris par hasard qu'il ne sculptait plus; il est, paraît-il, figurant de cinéma. Ce soir-là, il écoutait Suzy chanter d'une voix âpre et violente des récits nostalgiques et qui le poussaient sans doute à réfléchir aux singularités de la nuit parisienne. Du moins, il avait bien choisi son

endroit pour méditer, car Suzy Surcouf Solidor est
une femme curieuse et attachante. Elle fit ses premières armes dans le bataillon de Deauville, en
compagnie de Mme de Brémond d'Ars, qui est le
raffinement même. Yvonne initia Suzy à l'art difficile
de s'habiller discrètement, de sourire et de séduire.
Fait d'un mélange de « rusticité bretonne » et
d' « aristocratie maritime » le fond était merveilleux.
Suzy se montra bonne élève, mais les deux amies se
séparèrent après un tendre voisinage de sept ans.

A peine arrivée à Paris, Suzy ouvrit quai Voltaire
une boutique de curiosités qu'elle n'hésita pas à
baptiser : « A la Grande Demoiselle. » Le dimanche,
la boutique se transformait insensiblement en
auberge, car les amis de Suzy en amenaient d'autres,
et le pique-nique s'organisait de lui-même au milieu
d'une forte camaraderie, que rehaussaient encore des
chansons de matelots. Une fille très jolie, accorte et
fine, Line, dirigeait admirablement ce relais galant et
tenait lieu de dépensière, d'économe, de caviste et de
cuisinière. De là à fonder un bar « comme les autres »
il n'y avait qu'un pas. On leur dénicha un coin
charmant, qui n'était autre que l'ancienne boîte
Pizella. Suzy et Line, qui ont de la lecture, voulurent
appeler l'établissement : « l'Amant de Lady Chat-
terley », mais on leur fit remarquer que leurs invitées,
qui préféraient lire le bouquin et n'en pas parler,
allaient faire la petite bouche. Quelqu'un qui a le sens
des mises en pages, leur proposa tout simplement « la
Vie Parisienne », et il ne se trompait pas, car ce titre,
qui évoque Offenbach, le prince de Sagan, Boni de
Castellane, Émilienne d'Alençon, Liane de Pougy, ne
devait pas tarder à faire accourir rue Sainte-Anne les

noctambules les plus huppés de Paris, à commencer par Van Dongen, qui fit le portrait de Suzy, jusqu'au brave Zilou qui ne fit jamais le portrait de personne...

LES BARS DU TYPE ORIENTAL
ET « MYSTÉRIEUX »

La chromo, en allemand le kitch, existe dans le domaine des cabarets de nuit. Restaurants bizarres, généralement slaves, qui sont à la fête nocturne ce que la quincaillerie catholico-lugubre de la place Saint-Sulpice est à l'art. Nous n'aimons pas beaucoup ça. Entr'ouvrons pourtant ensemble ce velours décoré, ces tonnes de soie parfumée qui tiennent lieu de portes dans deux de ces bars : Shéhérazade et Casanova, aux noms qui troublent l'éternel calicot.

Shéhérazade et Casanova ont été, furent, sont et seront, quelles que soient les guerres futures, des boîtes russes où les garçons et les maîtres d'hôtel, sommeliers, barmen et portiers, sanglés dans des uniformes de hauts dignitaires, sont des princes ou jouent au prince désabusé, baisant la main des soupeuses, et méprisent hautainement le client, par principe, comme le boyard méprisait le moujik, et le Grand-Duc Lucien Guitry. Avec un certain toupet, d'ailleurs. Mais, ici, on leur pardonne cette hauteur, car on se demande quel peut bien être le noctambule éperdu qui se glisse dans ces antres sans lumière et sans chair.

Voici un Allemand du type judéo-cinématographique, venu en France pour tourner Molière, Renan et Courteline... Il est flanqué de son épouse, ancienne tenancière de quelque chose, salon ou banque, dans le Berlin d'avant Hitler, et collectionneuse de fourrures, ainsi que la rue de la Paix ne saurait tarder à l'apprendre. En attendant, tous deux ont droit à l'admiration des princes faux ou vrais, arméniens ou lapons, des marchands de perles, nobles récents, des metteurs en scène byzantins qui confondent Renoir et Dranem, un Vosne Romanée et l'Idéal Waterman ; de ces gens, enfin, qui ont l'air de souffrir d'une dyspepsie de chèques sans provision ou d'expulsions mal digérées, et qui paraissent danser en chaussettes dans le souvenir de Saint-Pétersbourg.

Voici, qui bâillent à côté d'eux, bouffis de suffisance et marinés dans la même nullité, deux jeunes représentants du cinéma français, et quand je dis cinéma, c'est pour être poli. Elle, très femme de chambre de grande grue de chef-lieu, mais gentille, et d'une bêtise de fraises à la crème. Lui, plus solennel : c'est l'escroquerie à particule, les dents lavées à la poudre de riz. Il s'entraîne au genre flegmatique de seigneur d'Hollywood et porterait, s'il osait, du caviar en guise de pochette. Sur la même banquette sommeille un marchand de cigares mexicain, orné d'un pif aux narines énormes et semblable à une carabine à deux coups. Enfin, voici le directeur d'une feuille de chantage, sorte de grand lâche intoxiqué de fonds secrets, en compagnie d'une fille de cuisine qui a tourné à Joinville, qui est douée de charme slave et qu'on a « refilée » comme vraie.

J'aime encore mieux le vieux monsieur à barbe du vestiaire qui vous tient votre pardessus comme un reliquaire et vous le rend comme s'il allait vous le vendre très cher. C'est un vieil homme de lettres, bâtard possible de Tourguenev, et qui ne déteste pas les Français, lui, comme faisait le grand Dostoïevski, qui ne les connaissait pas. Boîtes pour les nouveaux riches du snobisme, pour la noblesse ruinée, lourde et dépensière de l'Europe Centrale, restaurants faussement langoureux où se retrouve chaque nuit, comme un banc d'esturgeons, ce qu'il y a de plus fignolé dans le genre pimbêche, de plus endetté dans le genre métèque, de plus prétentieux dans le genre cinéma, de plus aigre dans le genre intellectuel. Et pas un là-dedans qui ait jamais fait bondir un beau brin de duchesse, ni fait rire un « Rombier » !

Montparnasse

Montmartre n'a pas, dans la langue, de déformation populaire. Quelques chansonniers ont bien dit Montmertre, mais le mot n'a pas fait fortune. Tandis que Montparnasse a accepté d'être Montparno, comme Sébastopol est devenu Sébasto; puis Topol. Je suis de ceux qui préfèrent Montmartre à Montparnasse, même depuis que Montmartre est devenu un repaire de danseurs, de bricoleurs frivoles et bien vêtus, et de gens du monde « qui font la nuit comme on fait de la peinture ». Montmartre a pour moi plus d'humanité, plus de poésie, plus de classe, et, comme dit l'autre, on s'y défend encore, ce qui signifie que l'on y est encore chez soi. Tout autre est l'atmosphère de Montparnasse, quartier minuscule et grouillant, sans histoire et sans légende, et dont le grand homme paraît bien être Antoine, qui fit partir de la rue de la Gaîté tout le théâtre moderne.

Il y a deux Montparnasse. Celui qui se livre sans discrétion, sans retenue, celui de la rue. Celui du carrefour Montparnasse-Raspail, où s'étale tout le déchet — et parfois l'élite — de l'Europe « intellectuelle et artistique ». Tel poète obscur, tel peintre qui

veut réussir à Bucarest ou à Séville, doit nécessairement, dans l'état actuel du Vieux Continent, avoir fait
un peu de service militaire à la Rotonde ou à la
Coupole, deux académies de trottoir où s'enseigne la
vie de bohème, le mépris du bourgeois, l'humour et la
soulographie. La crise a porté un assez sérieux coup à
Montparnasse. Mais nous y connûmes une agitation
qui tenait du déluge, du grand siècle et de la fin du
monde. Des taxis ont véhiculé des nuits durant rue
Delambre, rue Vavin ou rue Campagne-Première, des
Lithuaniens, faiseurs de vers hirsutes, des Chiliens en
chandail qui peignaient avec des fourchettes à escar-
gots, des nègres agrégés, des philosophes abyssins, des
réfugiés russes experts dans l'art d'inventer des sopo-
rifiques, des loteries ou des maisons de couture. Cette
atmosphère de maisons de fous n'était pas toute
déplaisante.

Pendant l'hiver 1929-1930, j'allais rendre visite à un
délicieux Portugais qui vivait en meublé non loin de la
librairie Larousse. Je le trouvais généralement nu,
déambulant dans sa chambre et s'arrêtant soudain
pour crayonner les murs, comme faisait Scribe quand
il avait besoin de répliques *vraies*. Mais le Portugais
n'improvisait aucune scène : il était à la recherche
d'un art nouveau qui devait, dans son esprit, réunir les
avantages de la peinture, de la littérature et du papier
peint. Sollicité dix fois par jour, et même serré de
près par des fournisseurs de vers du quartier, il
vendait sans hésitation un fauteuil, une glace, un
guéridon de la maison pour six ou sept francs, ne
conservant qu'un petit complet veston mastic couvert
de taches dont il avait besoin « pour vivre », expli-
quait-il. Il se livrait à ces opérations avec un détache-

ment et une élégance qui faisaient impression sur la logeuse. Pendant des mois, celle-ci n'osa pas ouvrir la bouche. Elle regardait fuir son mobilier et ses carpettes avec une réserve touchante. Un jour elle alla même jusqu'à racheter pour une trentaine de francs un vase clos que le Portugais avait laissé pour cent sous. Mais il n'y a pas de sainteté toute faite. Une nuit, la bonne femme s'aperçut que sa patience venait soudain de céder la place à l'indignation. Dégoûtée de la peinture, du Portugal, des gigolos, en un clin d'œil elle se leva, décrocha un parapluie, sortit de sa chambre comme une furie, fit irruption chez son locataire, le roua de coups sans l'avertir et le jeta finalement dehors, tout nu, prétendant qu'il ne reverrait son complet mastic que le jour où il se serait acquitté envers elle. Il devait, compte tenu des meubles vendus, des avances faites par la logeuse et des mois de location impayés, quelque chose comme soixante-cinq mille francs. Ce qui lui permettait de s'en aller nu sans trop renauder. Quelques minutes plus tard, il apparaissait à la Rotonde tout revêtu de morceaux d'affiches, coiffé de *Paris-Sport* et chaussé de boue, car il pleuvait. On l'accueillit comme un explorateur. Il conta son aventure. Aussitôt la Lettonie, le Danemark, l'Espagne, le Mozambique et la Patagonie, représentés là par divers aquarellistes, modèles et révolutionnaires, proposèrent de se constituer en ligue vengeresse, en Bal des Quat'zarts punitif, et de démolir le garni. Le Portugais trouva plus commode de s'installer dans un hôtel voisin où on le toléra quelques mois. Car le logeur de la Rive Gauche est assez crédule : il croit à l'art Nègre, au Pré-Hellénique, au Munichois, Toulousain et N'importe quoi, que d'anciens cancres commentent en sa présence à grand renfort de gestes, de whisky et de Camel. Montparnasse est un des endroits du monde où il est le plus facile de vivre sans rien faire, et parfois même de gagner de l'argent. Il y suffit, la plupart du temps, de porter un pull-over voyant, de fumer une pipe un peu compliquée, et de danser en croquenots à clous. En revanche, le moindre talent se trouve plutôt gênant : il est même le seul moyen de crever carrément de faim. Depuis dix ans, les arrondissements chics envoient régulièrement, à la Cabane Cubaine, au Select, à la Villa, au Jocket ou en d'autres lieux toujours exotiques, des délégations de snobs que démange l'envie de s'affranchir, et qui éprouvent une volupté réelle à dire : « C'est régulier, c'est correct, je suis à la page, j'en ai marre, un truc marle, un malabar, etc. » Plaisir innocent, qui est à l'origine de cette Internationale mi-intellectuelle, mi-nocturne, où fraternisent les riches, les ratés, les paresseux et les illuminés de Chine, d'Afrique, de l'avenue Friedland, de Londres ou d'Asnières. Louis Barthou, avec qui je dînais un jour dans une gentille boutique du quartier, me disait que l'un de nous, poète, peintre ou chroniqueur, aurait bien dû collectionner pour les amateurs futurs l'ensemble des revues et publications qui virent le jour à Montparnasse, afin de constituer une documentation qui deviendrait indispensable à ceux qui, plus tard, voudraient écrire l'histoire touffue, un peu folle, de la Rive Gauche. Barthou n'aimait pas beaucoup Montparnasse, mais il avait un faible pour les documents, manuscrits, autographes et palimpsestes... Je l'entends encore me demander de sa petite voix, rongeant son lorgnon, furetant du nez, cherchant à prendre une connaissance exacte de l'endroit où il se trouvait : « Je me sens un peu égaré dans cette mer de peintres, d'architectes, de fantaisistes. C'est une sorte de gazouillis de pensées fausses, d'idées avortées, d'inventions charmantes, de velléités artistiques. Mais rien n'apparaît, rien ne domine. Y a-t-il un maître ? Un chef d'école ? Un dogme ? »

A ce moment, s'approcha de nous un Don Quichotte chevelu et édenté, un singulier gaillard tout couvert de taches de rousseur, décoré de crayons, encombré de carton, et qui nous proposa gentiment, d'une voix de gendarme : « Un petit souvenir de Montparnasse ? » Il faisait des silhouettes-express pour cinquante centimes...

A côté de ce Montparnasse de terrasses, de tangos, de cacahuètes et de boissons originales, existe dans l'air, comme une mélodie, le vrai Montparnasse, celui qui n'a ni murs ni portes et qui, plus que tout autre sanctuaire, pourrait revendiquer le célèbre mot de passe, un peu retouché : « Nul n'entre ici s'il n'est artiste. » Montparnasse doré, aérien, tendre, qui met en fuite les démons de la solitude, celui de Baudelaire, de Manet, d'Apollinaire, et de tant d'autres pour qui la vie en marge des institutions et coutumes bourgeoises n'était pas une affectation, mais une nécessité en quelque sorte congénitale. Le véritable état-major de Montparnasse se composait de Moréas, de Whistler, de Jarry, de Cremnitz, de Derain, de Picasso, de Salmon, de Max Jacob, haut patronage de morts et de vivants qui donne encore le ton aux débutants dans l'art d'avoir du génie. Il y a un peu plus de vingt ans, quand Picasso vint s'établir aux environs de la Rotonde, tout le monde comprit à Paris qu'une colonie nouvelle, qui s'étendrait jusqu'à la porte d'Orléans, allait remplacer la rue Lepic agonisante. Le restaurant Baty connut une vogue soudaine et eut l'honneur de faire crédit à Léon Trotsky, lequel, encore qu'il ait inventé l'armée rouge et la position de révolutionnaire absolu, restera toujours un type de Montparnasse, et montrait bien des points communs avec Modigliani, Vlaminck ou le Douanier Rousseau, autres clients de Montparnasse, plutôt touristes d'ailleurs, Vlaminck arrivant de la grande banlieue et Modigliani de Montmartre. Cette présence de peintres, d'esthètes, de courtiers en tableaux, de poètes et de midinettes toujours prêtes à se déshabiller pour poser un nu n'a pas été sans influencer fortement la gent « vadrouillarde » du quartier. Le « mec » du Raspail et de l'avenue du Maine n'est pas semblable à ses confrères de Grenelle. Il a un peu d'éducation, de très gentilles dispositions pour l'humour, sait danser à la moderne et, au besoin, la promiscuité artistique aidant, faire un petit croquis à propos de bottes. S'il est dur avec les filles, il n'est pas hostile aux poètes. Il a connu Foujita, il reconnaît Kisling, et les secrétaires d'ambassades lointaines qui viennent dîner à la Coupole avec les peintres « de chez eux ». Je vais souvent prendre un verre de porto chez un ancien modèle qui vit aujourd'hui très bourgeoisement dans un petit appartement coquet de la rue de Vaugirard et qui est pour moi un petit musée de Montparnasse : on y trouve une cravate de Mécislas Golberg, une carte postale de Max Jacob, un menu de chez Baty, un vieux tablier qui appartint à quelque plongeur de la Rotonde, des Utrillo, une coupure de journal rappelant que le petit hôtel de Picasso à Montrouge avait été un jour cambriolé, un bouquin sur Van Gogh, et des quantités de souvenirs cubistes, futuristes, pornographiques ou touchants qui rappellent que Montparnasse, avant d'être le quartier des faux peintres arrivés, a longtemps été un petit paradis...

Je ne saurais terminer cette promenade dans Montparnasse sans rappeler que la première lampe qui s'alluma pour éclairer ce quartier désormais célèbre dans le monde entier fut une vieille lampe à barbe, celle du Douanier Rousseau, qui habitait vers 1895 à l'avenue du Maine, tout contre le pont du chemin de fer. Au hasard des flâneries et des cafés, nous le découvrîmes un jour, Alfred Jarry et moi-même. Il finit, non sans réfléchir, par nous emmener dans son atelier. Il ne devait pas tarder d'ailleurs à faire notre portrait chacun à notre tour. Il m'avait représenté, moi, avec la barbe en pointe que je portais alors, devant une fenêtre où défilait un chemin de fer empêtré d'une fumée lourde comme le panache d'un chevalier... Je ne sais ce qu'est devenu ce portrait, qu'il ne m'avait d'ailleurs pas donné. Il avait coutume de dire, à cette époque : « Nous avons quatre grands écrivains : M. Octave Mirbeau, M. Jarry, M. Fargue et M. Prudent-Dervillers. » (Ce dernier était le conseiller municipal du quartier.)

Le premier café où se posa vraiment, pour l'éclairer, cette vieille lampe de Rousseau, fut la Rotonde, qui ne se composait en ce temps-là que d'un zinc et d'une petite arrière-salle aux glaces entièrement voilées d'une taie par la gravure de cent mille déclarations d'amour... Il me faut maintenant évoquer, avant de reprendre le chemin de la rive droite, la figure de Bubu de Montparnasse, le héros de mon pauvre grand

Charles-Louis Philippe. Bubu était le marlou d'avant la guerre, relativement sage et presque sentimental. Il allait de temps en temps rendre visite à sa mère, qui était épicière avenue du Maine. Et, quand il y trouvait des voisins et des commères, il les saluait, disait Philippe, avec cette politesse appuyée qui fait que nos parents jamais ne nous renieront...

Saint-Germain-des-Prés

Qu'il y ait eu dans la journée un Conseil de Cabinet, un match de boxe dans l'État de New-Jersey, un Grand Prix de Conformisme, un coup de flanc littéraire, un concours de ténors sur la Rive Droite ou quelque prise de bec, les habitués des cafés de la place Saint-Germain-des-Prés sont parmi les premiers touchés des résultats de ces conciles ou de ces compétitions, soit par une estafette généralement bien renseignée, soit par une mystérieuse télégraphie. « Sensationnelles », vides ou graves, les nouvelles apportées des ministères ou des rings n'émeuvent pourtant pas les buveurs ou les passants de ce quartier, qui n'en continuent pas moins de surveiller, d'un œil sceptique et doux, la montée vers le ciel de ce vieux meuble couleur d'orage, pièce d'armure romane et martienne, qu'est le clocher d'une des plus vieilles églises de Paris.

La place Saint-Germain-des-Prés, qui ne figure pas dans le laïus adressé aux Yougoslaves et aux Écossais par le speaker du car de Paris la nuit, est pourtant un des endroits de la Capitale où l'on se sent le plus « à la page », le plus près de l'actualité vraie, des hommes qui connaissent les dessous du pays, du monde et de l'Art. Et ceci même le dimanche, grâce à ce kiosque à journaux qui fait l'angle de la place et du boulevard, une bonne maison bien fournie en feuilles de toutes couleurs.

Hantés, on ne sait trop pourquoi, par le souvenir des Écoliers qui se flanquaient des trempes, et souvent avec les Bourgeois, dans le Pré-aux-Clercs, aux Halles, rue Brisemiche ou rue Pute-y-Muce, les chapeliers ou marchands d'articles de bureau des environs ont à cœur de venir prendre un bain intellectuel, à l'heure de l'apéritif, le long des librairies qui se mettent en boule ou des terrasses qui gazouillent comme un four à frites. La place en effet vit, respire, palpite et dort par la vertu de trois cafés aussi célèbres aujourd'hui que des institutions d'État : les Deux Magots, le Café de Flore et la Brasserie Lipp, qui ont chacun leurs hauts fonctionnaires, leurs chefs de service et leurs gratte-papier, lesquels peuvent être des romanciers traduits en vingt-six langues, des peintres sans atelier, des critiques sans rubrique ou des ministres sans porte-feuille. L'art et la politique s'y donnent la main, l'arriviste et l'arrivé s'y coudoient, le maître et le disciple s'y livrent à des assauts de politesse pour savoir qui payera. C'est à la terrasse des Deux Magots, celle d'où l'on peut méditer sur les cendres de Childebert ou de Descartes qui furent déposées dans l'Abbaye, qu'un comitard assez mal décapé me fit un jour une courte esquisse de la vie parlementaire : « Un député est un électeur qui gagne à la loterie, un ministre est un député qui améliore sa situation. » Formule élastique, et qui peut aussi bien s'appliquer à la vie de tous les jours.

Le Café des Deux Magots, devenu « des deux mégots » pour les initiés, depuis que l'on a cessé de demander au patron des nouvelles de son associé, est un établissement assez prétentieux et solennel où chaque consommateur représente pour son voisin un littérateur, où des Américaines presque riches, presque belles, mais pas très propres et la plupart du temps pompettes, viennent bâiller et se tortiller devant les derniers surréalistes, dont le nom traverse l'Océan s'il ne dépasse pas le Boulevard. Par sa large terrasse, si agréable à la marée montante des matins ou à la descente du crépuscule d'été, par la cherté de ses consommations, les plus chères de Paris, le Café des Deux Magots est fort recherché des snobs, qui trouvent que le Dubonnet à cent sous ne constitue pas une dépense exagérée pour qui veut assister à l'apéritif des écrivains modernes. Quelques dessinateurs, Oberlé par exemple, lancent un rire par échardes. Quelques vieux de la vieille contemplent ce pesage d'un œil de coin, le docteur Lascouts, Derain, Jean Cassou, Philippe Lamour, Larguier, moi-même. Chaque matin, et la chose a déjà passé la terrasse, Giraudoux y prenait son café au lait et y recevait les quelques amis qui ne pourraient plus le saisir de la journée. A une heure du matin, les garçons commencent à pousser les tables dans le ventre des clients nocturnes, qui ne sont plus que de braves bourgeois du sixième arrondissement, à balayer sur leurs pieds, à leur envoyer des coins de serviettes dans l'œil. Une demi-heure plus tard, les Deux Magots ferment comme une trappe, sourds au murmure suppliant de deux ou trois Allemands qui stationnent devant la boutique, attirés là par les quarante ans de vie littéraire et de boissons politiques du lieu. Quelques minutes plus tard, le Café de Flore, autre écluse du carrefour, l'œil déjà miteux, se recroqueville à son tour...

Le Café de Flore est connu des Parisiens parce qu'ils le considèrent à juste titre comme un des berceaux de l'Action Française et des *Soirées de Paris* d'Apollinaire. L'A.F. s'est réunie là du temps qu'il y avait une Affaire Dreyfus et pas encore de néo-boulevard Saint-Germain. Maurras y exposait la Doctrine devant Bainville, Dimier, Montesquiou, Vaugeois, et même Souday, qui n'était pas ennemi de ces conversations, qui les écoutait comme on essaye un jour un Pernod, et à qui Maurras adressait ses livres avec des dédicaces chaudement tournées, car il considérait le critique du *Temps* comme une sorte d'Édouard Herriot de la Littérature... Aujourd'hui, le Café de Flore a été abandonné par les chefs du mouvement, mais les camelots chargés de coller des papillons dans le quartier y viennent encore, et y sirotent avec respect le mêlé-cass des classes moyennes. Ils y voient M. Lop, ce petit maître répétiteur dans un collège, sorte d'Hégésippe Simon, ou de Brisset, ce Prince des Penseurs inventé par l'Unanimisme, et que des bandes de chahuteurs oisifs et bourreurs de blagues ont transformé en futur dictateur. La maison se recommande par ses bridgeurs et son peloton de littérateurs, purs ou bohèmes, composé de Billy, de Fleuret, et parfois de Benoit, que caressent du regard quelques transfuges de chez Lipp, commerçants lettrés que le manque de terrasse de la brasserie fait émigrer.

Lipp reste pour moi l'établissement public n° 1 du

carrefour et évoque par instants l'autorité de l'État, depuis que l'on s'est aperçu que le patron joignait à ses nombreuses qualités celle de ressembler à Pierre Laval, Auvergnat comme lui, mais d'un autre tonnage... Il y a quelque trente ans, je suis entré pour la première fois chez Lipp, brasserie peu connue encore et que mon oncle et mon père, ingénieurs spécialisés, venaient de décorer de céramiques et de mosaïques. A cette époque, tous les céramistes faisaient à peu près la même chose. Style manufacture de Sèvres, Deck ou Sarreguemines. On ne se distinguait entre artisans que par la fabrication, les procédés d'émaillage ou de cuisson, la glaçure plus ou moins parfaite. Aujourd'hui, quand je m'assieds devant ces panneaux que je considère chaque fois avec tendresse et mélancolie, je me pense revenu à ces jours anciens où je ne connaissais personne à la brasserie. Mes premiers camarades de banquette sont contemporains de l'après-guerre, d'Espezel, Marchesné, Bouteron, Longnon, tous quatre archivastes-paléogriffes, comme dit Mallon, qui en est un autre. Je ne vous conseille pas de vous faire pousser des colles par Marchesné, qui a le front mural, l'esprit lucide, l'œil de l'examinateur et la dialectique exigeante. Espezel, excellent gentilhomme, est bien l'homme de Montaigne et du Cabinet des Médailles. Et si vous n'avez pas entendu Bouteron parler de Balzac, ou Mallon faire ses imitations d'ecclésiastiques et de prélats, depuis le curé jusqu'au cardinal, avec l'incroyable rendu des différences de la voix, du ton, de l'autorité ou du sublime, vous n'avez rien entendu.

Mais qu'est-ce ? Les soucoupes tremblent sur la table. Le gigantesque Auphan bouscule la porte, s'assied, souffle comme un ours et déroule d'une voix douce son dernier Serpent de Mer. Il est suivi de près par Saint-Exupéry, qui saute à pieds joints de ses beaux avions dans ses beaux livres, ou par le comte de Blois, qui est aussi bon lettré qu'ingénieux dessinateur et qui devrait bien publier les étonnants portraits qu'il a fignolés de Marchesné...

Voici les professeurs Rivet et Laugier. Mme Cuttoli, Latzarus, Massis, Louis Brun, Roubaud, Peignot, Lamazou-Bedbeder, qui est le frère de l'ancien député, le docteur Thiercelin, passionné de la Commune, bon orateur et notre adversaire des meetings philhellènes de 1896, René Kerdyk, M. et Mme Chartrette, Mme Boll et ses deux fils, Marcel, le savant, André le décorateur, et tant d'autres qui ont goûté à la choucroute de cette académie populaire.

Mon vieil ami Albert Thibaudet, qui débarquait à la brasserie à peine descendu du train de Genève, avait bien raison de dire que Lipp devait beaucoup à la *Nouvelle Revue Française*, à Grasset, à Rieder, au *Divan*, à la *Revue Universelle*, à l'ancienne *Revue Critique*, au Théâtre du Vieux-Colombier, à *Voilà* et à *Marianne*, à la Conférence Molé, au Sénat, à l'Association des Lauréats de la Fondation Blumenthal, au Front Populaire, aux libraires, aux bouquinistes et aux hôteliers intellectuels de ce quartier unique...

Depuis ce temps, et pour toutes ces raisons, j'ai pris l'habitude d'aller chez Lipp. « Je n'en suis pas », comme tant d'autres, je suis encore dans le dixième, mais j'y vais, comme un Anglais à son club, sûr d'y retrouver chaque soir un vrai camarade en compagnie de qui il est doux d'entamer, par le temps qui court, un lendemain chargé d'un imprévu qui pèse...

Tantôt, c'est Monzie, qui déclenche son feu à

répétition d'idées aiguës ; c'est Léon Bérard, qui est
un seigneur et le plus « attique » de nos ministres ;
c'est Daniel Vincent, qui aime les poètes et dit si bien
les vers, avec son air farouche et sa grosse moustache ;
c'est Marcel Abraham, qui vient de son ouvrage et qui
va nous parler de l'Encyclopédie. Quelque autre jour,
c'est la comtesse de Toulouse-Lautrec, dont les
entrées sont « sensationnelles » ; c'est Derain et sa
garde, composée de dessinateurs et de modèles ; c'est
lady Abdy ou le bon Vergnolle, architecte à tous crins,
socialiste D.P.L.G., qui accompagne, avec Emmanuel
Arago, disert et souriant, la belle marquise de Crussol.
Et parfois André Gide est là, qui dîne seul.

Au surplus on y voit, jamais assez loin, quelques
raseurs et quelques cancres essentiels, plus ou moins
rageurs de ce que vous êtes, et qui espèrent de se
blanchir en vous tapant sur le ventre ou en vous
insultant. Il ne sera pas très difficile de s'en défaire, si
la coterie veut bien s'y mettre, et un peu fort...

Lipp comporte une discipline rigoureuse. Ainsi,
certains plats nécessitent une nappe, d'autres pas.
Mystère. Impossible d'y manger avec joie quelque
chose de simple, d'un peu gras, d'un peu fruité, avec
un bon pot, sur le bois ou sur le marbre d'une table,
comme on le faisait autrefois au vieux petit Pousset, si
cossu, si noir, si excellent, au carrefour Le Peletier. Et
s'il fait chaud et que l'on soit à la terrasse, et que l'on
se sente gagné de fringale, il faut rentrer dans
l'établissement... Néanmoins, on ne saurait écrire
trente lignes dans un journal à Paris, peindre une toile
ou afficher des opinions un peu précises sur le plan
politique sans consacrer au moins un soir par semaine
à cette brasserie, qui est aujourd'hui aussi indispensa-

ble au décor parisien et au bon fonctionnement du pittoresque social que le Ministère de l'Intérieur, la Foire du Trône ou la traversée de Paris à la nage. Lipp est à coup sûr un des endroits, le seul peut-être, où l'on puisse avoir pour un demi le résumé fidèle et complet d'une journée politique ou intellectuelle française. On comprend mieux ainsi qu'à deux heures et demie du matin le personnel lippien ait beau éteindre toutes les lumières de cette Agence, de cette Cour des Comptes de l'Événement Parisien, qu'il ait beau refuser aux retardataires toute espèce de consommation, et qu'il faille pousser les poubelles dans les jambes des clients pour les mettre dehors.

Lipp est encore une brasserie de groupes, de sociétés, de prolonges; ateliers de l'École des Beaux-Arts, qui se manifestent en descentes bruyantes, et rincent à coups de bocks les glaces murales de la maison; cellules de gauche, compartiments de droite, franc-maçonneries diverses, jeunesses qui vont du patriotisme le plus étroit à l'internationalisme le plus large, et réciproquement. Sorte de mer intérieure où se jettent tous les ruisseaux, tous les fleuves politiques de ce singulier xxᵉ siècle. Aussi ne faut-il pas s'étonner que des tempêtes parfois s'y élèvent et assombrissent le sixième arrondissement parisien.

Un soir Léon Blum, qui soupait tranquillement chez Lipp avec sa femme, fut brusquement conspué par les derniers pelotons de clients qui absorbaient dans le tumulte leur dernier demi de bière. En quelques minutes, la bagarre devint générale et je reçus, moi, spectateur qui n'avait pas quitté sa place, une carafe réactionnaire lancée à toute volée, à angle aigu, comme par un service de tennis un peu raide, et

qui m'ouvrit proprement la jambe. Je me trouvais
heureusement avec les docteurs Mabille et Berthier,
l'un en médecine, l'autre en pharmacie, qui m'emme-
nèrent, me ligotèrent, m'écussonnèrent de bandelettes
de momies et me firent boire, par-dessus la célèbre
« brune » de chez Lipp, oui, me firent boire, ma foi,
de l'arnica...

Paris au temps des valses

Il est commun de s'attendrir sur Montmartre et sur Montparnasse. Ces deux quartiers complètent Paris comme un coup de peigne achève le fini d'un type vêtu comme il lui sied. Supprimez-les, et vous aurez l'impression d'avoir sous les yeux quelque chose d'aussi neuf et d'aussi inconnu qu'un homme sans cravate. Il n'est pas un vieux Parisien qui n'y ait au moins un souvenir charmant rattaché au cœur par quelque inscription, quelque lettre d'amour, quelque nuit de bombe dans ces coins de poésie. Nous y montions, ou nous y descendions naguère avec des préfets en vadrouille, des petites femmes de Fabiano ou de Préjelan, serrées dans des corsets « Le Tango », filles de Mmes La Chaise, tantôt avec Capus, Lajeunesse ou Rouzier-Dorcières, tantôt avec Monna Delza, Andrée Pascal, Régine Flory, Lucienne Guette et Mlle Vareska, que Premet habillait de façon mirifique. Et souvent avec « des cocodès, des crevés, des gommeux, des copurchics », que suivaient des « dégrafées », des « frôleuses » et des péripatéticiennes telles qu'une Yolande de la Bégude ou une Marcelle de Saint-Figne, toujours ravissantes, stupides et parfaitement renseignées sur le pouvoir de tel ministre ou le crédit bancaire de tel diplomate. C'était le temps où le regretté Louis Delluc adressait des lettres en vers aux buveuses de lait du Pré-Catelan, tandis que Jules Lemaître, de l'Académie Française, nationaliste des Champs-Élysées, préfaçait de petits bouquins charmants consacrés au Chat Noir et illustrés par Gus Bofa.

Et déjà, l'on ne sait trop pourquoi, Montmartre mourait. Il y a plus de vingt-cinq ans, un de nos confrères l'enterrait gentiment, ce doux quartier. Il dénonçait le crime des pierres qui nous enlevaient jour par jour un peu plus d'air, un peu plus du vieux Paris et un peu plus du vieux Montmartre. Pour moi, le phénomène est plus curieux et bien différent. J'ai beau faire, je ne vois pas mourir Montmartre. Le Lapin Agile y reste toujours agile sur ses pattes, et Poulbot continue ses fresques de marmaille comme si rien n'avait bougé sur la Butte. Depuis les départs des Américains cousus d'or et des colons espagnols, Montmartre est même devenu plus Montmartre que jamais. C'est bien un petit coin de la province française encastré dans Paris. Il ne se passe pas de jours que je ne m'y attarde en compagnie de quelques vieux cercleux, maniaques, célibataires pour la plupart, ravis d'avoir entretenu de jolies femmes avant la guerre, et que je ne nommerai pas par respect pour leurs secrets. Bourget, Hervieu, Capus, Courteline, Proust lui-même leur ont donné assez de noms dans leurs œuvres pour que le lecteur les reconnaisse.

Nous montons donc, armés de cannes Second Empire, en complets modernes, tout sonores de souvenirs, chercher le long des murs quelques inscriptions d'un autre âge et voir dans leurs fauteuils à oreilles celles qui furent des reines de Paris et des reines d'amour du temps de Loubet ou de Fallières. Puis nous descendons à Montparnasse, jeune rivale de l'ancien Olympe du dix-huitième arrondissement. Montparnasse n'a pas beaucoup de bouteille encore. Mais le quartier sut attirer d'emblée de bons pelotons de Parisiens à qui le frisson « artistique » était nécessaire.

Beaucoup de Parisiens de la grande époque faisaient le voyage de Montparnasse comme on ira demain aux chutes du Niagara ou à l'effondrement de Mars. Ils découvraient des terres connues et en même temps ignorées. Ils allaient rendre visite à des diplomates cachés ou terrorisés, à de grands seigneurs ruinés, à ces curieux personnages qu'ont si bien approchés les gigolos d'Abel Hermant : Magyars sans chaussettes et pourvus de noms vertigineux, seigneurs moldovalaques et qui partageaient avec des épouses exquises des petits pains trempés d'affreux cafés-crème au goût de siccatif. Ce qui attirait aussi des élégantes et de vieux marcheurs généralement fouineurs vers les cimaises et les ateliers du lieu, c'était le taret politique, qui déjà commençait à forer le monde : ils venaient y voir des hommes de gauche. Asile de la révolution artistique, Montparnasse devint le refuge de la révolution sociale. L'esthète bolchevik Lounatcharsky y discutait de la beauté selon les formules de Karl Marx, Trotsky y jouait aux échecs avec sa tête de congre américain, Charles Rappoport enseignait aux soucoupes le matérialisme économique. Lénine lui-même, qui préférait le Café du Lion, 5, avenue d'Orléans, y apparut quelquefois. Un jeune gérant du quartier dit un jour à Sem, qui se trouvait là à son corps défendant :

— Si nous n'étions pas des ingrats, nous devrions élever ici, entre autobus et kiosques, des statues de Lénine, de Mussolini, d'Hitler et autres. Ce sont ces messieurs qui fournissent ou renouvellent notre clientèle.

Nous avions déjà remarqué, Charles-Louis Philippe, Jarry et moi-même, que la crise, ou les crises, sont des mots inconnus en Montparnasse, et il me souvient d'avoir développé la chose, il y a trente ans, chez Mme Exoffici des Enviandes, en compagnie de Régnier, de Vallette et, je crois, de Tailhade. Qu'il y ait ou qu'il n'y ait pas rareté d'argent, Montparnasse installe toujours en plein trottoir des terrasses bourrées de buveurs. Il s'agit donc bien non pas d'un quartier comme les autres, pourvu de banques, de tabacs ou de jambon, mais bien d'une Palestine particulière où le vrai Parisien, c'est-à-dire le monsieur qui va aux Courses, qui jouaille à la Bourse pour ne pas être ignare, qui promène une petite vendeuse en taxi entre deux corvées, l'une administrative et l'autre mondaine, ne se risque jamais. D'abord, il sait très bien que les Montparnos haïssent les étrangers, à commencer par les Parisiens, et par-dessus tout « ceux » de Montmartre. Il préfère, et comme je le comprends, demeurer avec de vraies Parisiennes, et non avec ces snobinettes de galeries de tableaux, ces intrigantes du monde littéraire, ces coquettes sans cœur qui inondent le marché et dont Max Nordau disait déjà, il y aura bientôt trente ans : « que leur berceau était au bord de l'Hudson, de la Néva, du Danube, de l'Amazone, de la Tamise ou du Manzanarès, partout, excepté au bord de la Seine... » Mais les vieux Parisiens les dépistaient, ces démons, sur lesquels Forain eut un des mots les plus féroces de sa carrière, et des plus justes : « Elles ne savent jamais de quoi elles rient... »

Le Parisien

Parlant, il y a pas mal d'années, du fameux Chat
Noir de la rue Victor-Massé, Jules Lemaître écrivait :
« Ce chat, qui sut faire vivre ensemble la Légende
Dorée et le Caveau, ce chat socialiste et napoléonien,
mystique et grivois, macabre et enclin à la romance,
fut un chat *très parisien* et presque national. Il exprima
à sa façon l'aimable désordre de nos esprits. Il nous
donna des soirées vraiment drôles. »

Mais qu'entend-on par une personne ou une chose
très parisienne ? On voit bien qu'il faut être né à
Marseille pour se vanter d'être Marseillais, ou à
Vienne pour proclamer qu'on est Viennois. Mais il
n'est pas nécessaire d'avoir vu le jour à Paris pour être
Parisien. Cela vaudrait mieux, disait Jarry, ce serait
plus sûr. On peut, néanmoins, venir d'Amiens ou de
Villersexel. Le regretté, le cher Alfred Vallette souleva
pour moi un coin du voile en me faisant un jour
remarquer qu'un Parisien, c'est un Français... J'étais
bien jeune alors, et j'apportais des vers au *Mercure*
sans trop savoir ce qui allait m'arriver. Mais je devinai
que l'excellent directeur venait de prononcer quelque
chose de très significatif.

Il avait raison. Le Parisien est, avant tout, un Français. Et c'est pourquoi l'on ne peut tenir pour Parisiens certains métèques illustres et dépensiers qui ont tenu longtemps ici le haut du pavé. Retournant un adage célèbre, on peut écrire : Un étranger riche est un étranger. Un Parisien riche est un Parisien, un Parisien pauvre également. C'est une sorte de teinte, cela correspond à la qualité d'un tissu.

Je me trouvais, il y a quelques mois, sur le quai d'une gare, au milieu d'un peloton serré de voyageurs impatients : nous attendions le train pour Paris, qui avait un peu de retard. Au premier rang, je distinguai deux soldats accompagnés de quelques civils, des camarades. Le train s'enfila, stoppa. Il était à peu près comble. Un des soldats fonça vers le petit escalier d'une voiture. Gentiment, l'autre le retint par le coin de sa vareuse et dit, avec infiniment de sérieux :

— Doucement, hé, mon bonhomme, j' suis d' Paname, moi.

Être parisien confère une sorte de primauté à l'heureux tenant de ce titre. En revanche, des quantités d'originaires de la plaine Monceau ou de la place d'Italie ne seront jamais parisiens de leur vie : ils n'ont pas attrapé la manière. On sent très bien que Brunetière ne fut jamais un Parisien, alors que Capus et Donnay le sont jusque dans leurs rêves. Léon Daudet est parisien, Léon Blum ne l'est pas, et sans doute n'y tiendrait-il pas. Il est à remarquer d'ailleurs que certains romanciers et auteurs dramatiques — qu'on se rassure, je ne nommerai personne — qui passent à l'étranger pour être l'expression même, la personnification de Paris, parce qu'ils inventent « des vices », décrivent des noces et se complaisent dans un mystère de vestiaire, ne sont pas parisiens pour un sou. Une des premières notations pour un portrait du Parisien pourrait être celle-ci : le Parisien n'est pas un être mystérieux. Ce n'est ni un Borgia, ni un lord anglais, ni un boyard, ni un yankee, ni un mandarin, ni un officier en retraite, ni un calotin. Le Parisien est un monsieur qui va au Maxim's, sait dire deux ou trois phrases bien senties à sa marchande de tabac, et se montre généralement très gentil avec les femmes. Il aime les livres, goûte la peinture, connaît les restaurants dignes de porter ce nom, ne fait pas trop de dettes, sinon pas du tout, et laisse des histoires de femmes à arranger à ses fils.

Je suis en train d'interroger la postérité d'une foule de Parisiens disparus : Sarcey, Forain, Schwob, Édouard VII, Lemaître, Donnay, Capus, Allais, Lucien Guitry, Grosclaude, Boni de Castellane. Que m'excusent les mânes de ceux que j'oublie. Cette postérité se plaint. Tant d'hommes délicieux n'ont pas été remplacés ! Et les plus parisiens d'aujourd'hui le sont depuis longtemps ! Maurice Donnay, Tristan Bernard, Abel Hermant, Léon Bailby ont connu comme moi ceux que je viens de nommer.

A ces Parisiens succèdent aujourd'hui des « Modernes », et je donne à ce mot tout son sens péjoratif. Les modernes sont des êtres perpétuellement affolés, pour lesquels une crise ministérielle est une source de catastrophes, la chute d'une pièce de théâtre un présage de fin du monde. Tonnerre ! N'en avons-nous pas vu, des crises ministérielles, et autrement gratinées... L'esprit parisien comportait précisément cette légèreté qui permettait à quelques centaines de milliers d'êtres humains de ne rien prendre au tragique et de constater que tout allait assez bien. Depuis que l'École Normale, la Faculté de Droit, Polytechnique, la Faculté de médecine, les Écoles d'Application d'une nom de D... de province nous envoient des experts, des surexperts, des ministres, et parfois leurs secrétaires ou amis intimes, rien ne va plus. Et ce juge suprême, le Parisien, qui attendait événements et conséquences, hommes et dieux, le crayon à la main, comme Caran d'Ache, ce juge suprême n'est plus...

Le Parisien était un homme que l'on aimait à rencontrer, qui savait tout, qui vous souriait, même fatigué, même agacé par votre présence, et qui vous disait toujours : « Comme je suis content de vous voir ! » Au bout d'une demi-heure, il l'était réellement !... Il y a, chez certains hommes, des trésors de bonne grâce, d'esprit, de gentillesse, le tout assaisonné de rosseries délicieuses et de malice ; des trésors de patience et de rouerie, des mélanges de politesse et de resquillage qui les rendent indispensables, et non pas seulement aux salons de Paris, mais à certaines boutiques de libraires, à certaines galeries de tableaux, et à la plupart des répétitions générales. Je dis la plupart pour une raison bien simple : c'est qu'il n'y a plus de pièces parisiennes. Il y a des états d'âme découpés, des cauchemars avec cour et jardin, des démangeaisons comiques, et des lots de roustissures dues à une poignée de galopins dépourvus de la moindre brindille de culture, de la plus petite épingle de grammaire, et qui font du roman, et on les édite, et qui font du théâtre, disait Jules Renard, comme ils font des chèques. Ils écrivent, et on les joue.

Je ne tiens pas à faire ici un examen approfondi des romans ou des pièces, ni à les vider de leur contenu. Je ne prétendrais pas qu'un tel a du génie, tel autre de l'habileté, un troisième des poches pleines de ficelles. Mais du temps de Flers et de Caillavet, quand la qualité était la qualité, une fête de Paris une fête de Paris, un juif un juif, c'était autre chose. Je veux dire que c'était plus parisien, et tous mes contemporains me comprendront.

Trop de gens aujourd'hui ont « voulu » Paris, le cinéma s'y est mis, nous avons vu se ruer des troupes de Sarrasins à l'assaut de ce qui était autrefois réservé à quelques-uns. Ils sont bien libres. Toutefois, quand je lis dans la chronique : « Mme de Saint-Chouette vient de donner une soirée très parisienne *en* son hôtel, où le comte Le Truc du Machin a convié quelques amis à se réunir pour un bridge », je rigole. Tout cela est très exact, les Saint-Chouette et les Trucmuche du Machin sont gens vivants et dépensant, mais ils sont d'un Paris aussi factice que les images cinématographiques. Ce sont des fantômes.

On a un peu trop écrit que le Parisien était surtout un homme de théâtre, de salle de rédaction, de golf. Il y a de très sérieux, de très authentiques Parisiens dans l'industrie, l'ingéniorat ou le commerce, dans les chemins de fer ou la parfumerie.

On a aussi un peu trop dit que le Parisien était un homme plutôt aisé, sinon secrètement très riche, un capitaliste égoïste possédant bibliothèque, miniatures, tabatières, vases, coupé, laquais, cave, château et maîtresse. Il y a de ravissants Parisiens dans toutes les couches de la société. Je suis de ceux qui croient que

Ménilmuche et la Chapouelle, pour prononcer comme il sied, constituent quelque chose comme l'avenue du Bois des Boulevards extérieurs. Et la poule au gibier, la « belote dure », le gueuleton, le Tour de France sont assurément le Jockey Club, les Drags, les Petits Lits Blancs et Toscanini de ces messieurs-dames sans galette. J'ai vu autant de « sensations » dans certains beuglants qu'à l'Opéra.

Cette société, réguliers, camelots, harengs, mecs, « titis, gandins », broches, sous-broches, midinettes, mijaurées, gonzesses, boutiquières, les bombes, costauds chenilles, tourneuses d'obus, vitrioleuses, qui sont baths, ou marles, non seulement on n'en trouve pas l'équivalent à l'étranger, mais encore en province. C'est bien une peuplade de Paris, avec ses coutumes et son vocabulaire. Tous ces êtres, que Villon célébra, puis, d'une autre façon, Philippe, puis Charles-Henry Hirsch, puis Carco, sont des Parisiens. Ils exercent une sorte de suprématie auprès des espèces moins promptes à la réplique, moins insouciantes et moins aimables.

Ces classes, parfois, se mêlent de la plus heureuse façon, et là sans doute gît le secret de Montmartre. Le voisinage de la bonne fille et de la belle dame, du petit poisse ou du mécano et du haut-de-forme est assurément ce qui donne leurs airs à Pigalle ou à Blanche. Et il y a une rue où le charme est irrésistible, où la présence de Parisiens cent pour cent est manifeste : c'est la rue Lepic. Je m'y suis promené avec de grands snobs que je ne daigne pas nommer au milieu des marchandes des quatre-saisons et des nobles charcutiers, la cigarette aux lèvres, le mot pour rire dans l'œil. Une sympathie égale et vraie nous maintenait tous dans un état de satisfaction et d'énergie. Et quand les Parisiens du seizième vont aux Halles, quand ils s'élancent à la recherche des petits restaurants, ils vont en réalité voir d'autres Parisiens.

Quoi qu'il en soit, tout cela se perd, et même la manière de s'en servir, ainsi qu'il est dit dans un petit poème anonyme. Paris file à toute allure vers un avenir plus sec et certainement moins nuancé. Déjà, le contraste entre la décoration « art nouveau » du Maxim's et la physionomie des dîneurs apparaît à celui qui le veut bien. On n'y entend plus parler que de pactes, de plans (avez-vous remarqué, tout le monde a le sien), de records ; on explique la sexualité par la biologie, la biologie par la sauce mayonnaise... De ravissantes jeunes femmes ne sentent remuer en elles le cœur et le reste que dans la mesure où le parti politique auquel appartient le monsieur qui les a sorties est « intéressant ». Quand tout ce monde s'amuse, c'est à la façon des panthères des ménageries. Il faut que le chef d'orchestre fasse un peu le dompteur. Qui sait ? C'est peut-être l'esprit parisien de demain qui fait ainsi son apparition. Que diraient Forain, Capus, Barrès, qui était parisien à ses heures ? Que dirait Arthur Meyer ? On a dénigré l'époque dite de 1900. On a eu raison sur plus d'un point. (A vous Morand, qui la connûtes trop jeune !) On l'a traînée dans la boue. Et pourtant, avant les angles, l'acier chromé, les poules minces et mal nourries, le jus de légumes, le théâtre pour chats siamois, les chats pour valises et les valises pour T.S.F., le temps disparu avait tant de choses pour lui que jamais nous ne retrouverons : le charme, le froufrou des femmes, l'esprit parisien, quoi !

— La modernité, disait un délicieux vieillard à son coiffeur, sorte de moteur Bugatti vivant, qui parlait ciné d'abondance, vantait les grill-rooms et l'aquaplane... la modernité ? Elle nous a déjà valu une guerre, des catastrophes journalières, du bruit. Et elle vous prépare des surprises autrement soignées, et combien scientifiques !

— Le progrès ? dit avec raison Mac Orlan. On vous balade dans une usine pendant une heure : turbines, courroies, dynamos, etc. C'est pour tailler un crayon...

La Parisienne

Il est bien difficile de dire ce que c'est qu'une Parisienne. En revanche, on voit très bien ce que c'est qu'une femme qui n'est pas parisienne. Becque, dans sa pièce froide et que son premier acte rendit fameuse, fait de la Parisienne une femme qui couche un peu avec tout le monde et n'hésite pas à revenir à ses premiers amants. Pour lui, comme pour les Allemands, les Russes et les Indigènes des îles Fidji, la Parisienne est l'élément féminin du ménage à trois. Ne nous formalisons pas de ces jugements sommaires et ne piquons pas de crise de patriotisme, puisque les Parisiennes peuvent être café-crème, comme Joséphine Baker, ou juives comme Sarah Bernhardt. Voici un premier point : la Parisienne peut hardiment venir de Moscou, de Sucre, ou de Castelsarrasin.

Il y a toutes sortes de Parisiennes. En 1907, deux dames, qui furent respectivement qualifiées de « dévoyée de l'Aristocratie impériale » et d'« excentrique de la littérature », et qui n'étaient autres que la marquise de Belbeuf, née Morny, et notre admirable Colette (Willy), se montrèrent sur la scène d'un music-hall, exactement le Moulin Rouge, dans une tenue qui effaroucha et fit hurler les mauvais bourgeois. Le préfet de police dut interdire les représentations. La nièce de Napoléon III et l'auteur de *la Retraite sentimentale* sont restées des Parisiennes, malgré l'averse. Par contre, Mme Steinheil n'a pas droit au titre. Comme on voit, il ne suffit pas de faire parler de soi. Il n'y a plus guère de Parisiennes. Ce qu'on rencontre de nos jours dans les salons, chez les ministres, chez Maxim's, dans les coulisses des petits théâtres, ce sont des femmes du monde de gauche, occupées de la France, de l'Épargne ou de l'Honneur, des boutiquières de province qui ont donné un coup de main, ou plutôt un coup de reins à la carrière de leur mari, des femmes de chambre que le coup de grisou cinématographique a placées au premier rang de l'actualité, et qu'on invite, et qu'on admire et qu'on gâte ! Non, il n'y a plus beaucoup de Parisiennes à notre époque de parvenus, d'hypocrites, d'opportunistes ou de sectaires. Elles ont eu peur.

La Parisienne, si elle était légère, voire facile, exigeait au moins des hommes qui obtenaient ses faveurs, ou qui simplement la comblaient de cadeaux, pour avoir le droit de bavarder avec elle, qu'ils fussent bien nés, qu'ils eussent une allure présentable et un cœur sans boue. Elles s'appelaient alors Mme Visconti, ou Marie Duplessis, pour laquelle sept membres du Jockey se mirent en association, Virginie Déjazet, Hortense Schneider, Anna Deslions, la comtesse Walewska, Esther Guimond ou Julia Beneni, la Barucci aux belles cuisses, comme l'appelaient les maîtres d'hôtel, Italienne splendide, lancée en plein Paris par un grand bourgeois au nom prédestiné, M. de Dame, avant de montrer ses charmes, et quels charmes ! à Édouard VII, qui l'attendait dans un salon privé du Café Anglais. Elles s'appelèrent encore Lucie Mangin, Constance Rézucher, Reine Romani, Miss Claryn, Émilienne d'Alençon, qui fut élève du Conservatoire, Otéro, ou Mme Liane de Pougy. Ces dames et ces demoiselles, ces actrices et ces princesses, ces étrangères et ces danseuses furent parisiennes, et non pas seulement parce qu'elles faisaient parler Paris, ce qui est la condition primordiale, mais Londres, Biarritz, Rome, Aix-les-Bains, Carlsbad et Saint-Pétersbourg. Elles étaient parisiennes parce qu'elles considéraient que la vie devait être exclusivement consacrée au plaisir, à la frivolité, au snobisme, à l'ivresse et au tapage. Dans l'exercice de ces jeux, elles montraient une facilité, une aisance, un charme et un entrain qui constituent les bases même de l'attitude.

Il ne s'agissait pas de rester dans un coin et de sourire à quelque comte bien vain de se ruiner pour vous et de vous acheter chevaux, perles, châteaux et tableaux au détriment de sa famille, mais bien de prononcer des mots que reprenaient les gazettes, et de mettre en valeur une fourrure et des bijoux qui avaient plus d'importance dans le chuchotement des milieux diplomatiques que les traités secrets ou les combinaisons européennes. Il fallait faire courber la tête aux princes, ruiner des financiers, acculer au suicide des calicots ou des bouillonneux célèbres, et participer un peu aux mouvements administratifs en faisant valser des préfets, simplement pour se donner de grands airs. Il fallait être péremptoire et renseignée sur tout. Une vraie Parisienne de 1900 ne devait pas hésiter à donner son avis en trois mots, aussitôt fameux, sur une pièce, une guerre, un cheval, un opéra, un mariage princier, une grève, ou quelque arrivée de Tsar. En un mot comme en mille, les Parisiennes étaient des Pythies.

Mais à côté de ces sorcières délicieuses, de ces *biches* qui firent couler des larmes et du sang, de ces marquises de cabinets particuliers, toutes unies par un sens inné de la grandeur, une distinction naturelle, et un esprit qui empruntait l'exhibitionnisme quand il n'arrivait pas à se manifester par la conversation, à côté des déesses de la galanterie, et galantes surtout parce qu'elles étaient parisiennes, il en est d'autres, plus sages, plus réservées et plus pures. Échappées des romans d'Hervieu, d'Hermant ou de Bourget, des contes d'Henri de Régnier, des pièces de Donnay et de Capus, des nouvelles de Maupassant, épouses de magistrats, de ministres, connues pour leur salon, leur pouvoir mondain, leur situation bancaire ou officielle, il y eut des Parisiennes qui brillèrent surtout par l'esprit ou l'influence.

C'est l'avenue après le boulevard. Celles qui tenaient salon furent aussi connues que celles qui fréquentaient les restaurants, aussi courtisées. Enfin, il y eut encore des Parisiennes effacées qu'aucun diamant ne signale à l'histoire, et que seuls pouvaient distinguer du tout-venant les aubergistes de province ou les douaniers des frontières. Un détail de toilette, un accent, une vibration, un rien dans l'à-propos poussaient inévitablement ces traiteurs et ces fonctionnaires à s'écrier :

— Parbleu, c'est une Parisienne !

On n'en fait plus guère non plus, de celles-là. Quand Paul Morand eut le talent de nous présenter le haut personnel féminin d'après-guerre, il n'aperçut point de Parisiennes sur la carte du Tendre du xxᵉ siècle, et ne nous fit connaître que des excitées, des bohémiennes, des excentriques ou des révolutionnaires. J'entrevois ici une des causes de la disparition de ce joli monstre. Les hommes d'aujourd'hui font trop de politique pour perdre du temps avec des femmes, et ils n'ont plus assez d'argent pour s'occuper à la fois de sociétés anonymes et de Société tout court. Ils ont laissé la femme se débrouiller. Et, mon Dieu, depuis qu'elle se débrouille, la Parisienne a choisi son mari ou son amant non plus nécessairement selon la mode, mais parfois selon ses goûts, qui se confondent souvent avec ses intérêts...

Le développement de l'égalité sexuelle par les vagues de sport, la mise à nu des femmes dans les music-halls, la vulgarisation de la poudre de riz, des massages et du bas de soie ont tué le mystère indispensable à la primauté féminine et à l'éclat du Parisianisme. Les grands restaurants s'effacent devant les banques, les théâtres se transforment en cinémas, les maisons de couture ne cachent pas qu'elles ne donnent plus le ton au monde civilisé. Ainsi l'atmosphère elle-même est-elle hostile à une renaissance des belles nuits de Paris et aux exquises tyrannies féminines. Quelques années encore, et la Parisienne disparaîtra de la capitale et de la légende, comme jadis plésiosaures, xiphodons et dinornis, pour céder la place aux femmes de Paris, ce qui n'est pas tout à fait la même chose...

◇

— Je vais vous faire connaître la dernière, me confiait un jour un grand disparu d'hier, dont je tairai le nom pour ne rien retrancher de sa mémoire. Il avait été l'un des jeunes et illustres piliers des thés de Mme de Loynes et de Mme Strauss, et il aimait la compagnie, presque la complicité des femmes. Invité à passer quelques heures chez une étrangère qui s'était fixée à l'hôtel, il m'avait prié de l'accompagner pour faire un brin de causette avec une fille chez laquelle, disait-il, des ministres assouvis et tremblants avaient oublié des documents...

— J'ai retrouvé un projet de discours, destiné à être lu à la Chambre, dans le cabinet de toilette de la dame en question, me disait-il en souriant, tandis qu'on nous annonçait chez la merveille.

Nous entrâmes bientôt dans une sorte de serre où les fleurs les plus chères et les plus rares, disposées avec grâce, nous dissimulaient les meubles de la pièce, pourtant assez vaste. Et bientôt apparut, dans ce jardin, la dernière Parisienne. C'était assurément une femme d'une grande beauté et d'un charme incontestable. Les bijoux qu'elle portait, les boîtes de chocolat qui traînaient sur les guéridons, les poupées de boîtes de nuit installées comme des enfants sur un « canapé », un poste de T.S.F. aux ornements recherchés, des rubans, des toilettes jetées sur le lit dans un désordre « artistique », des flacons précieux et des éditions de luxe aux interminables dédicaces, disaient suffisamment que les livreurs se succédaient chez la dame et qu'une fraction de Paris était à ses pieds. Sa conversation nous enchanta. Comme ces mondaines célèbres qui ébranlèrent des trônes et dont j'avais entendu parler alors que j'étais en cagne, elle savait tout, connaissait tout le monde, et téléphonait aux hommes politiques pour arranger la situation de quelque femme de chambre. Une seconde, je fus éberlué. Avions-nous affaire à une véritable descendante de la Païva et des Parisiennes de la légende ? Quelque princesse d'amour de Porto-Riche ? Quelque fille spirituelle du malicieux et tendre théâtre de Maurice Donnay ?

On nous servit des cocktails étranges et des sandwichs qui tenaient du bibelot, et qui arrivaient tout droit de la rue de Rivoli. La dernière Parisienne, qui s'appelait, je crois, Sarah, circulait entre les pétales et les porcelaines de son petit musée d'hôtel. Elle régnait. Je me pensais revenu aux temps où, selon un oncle à moi, les rois se glissaient, déguisés, mal rasés et mal chaussés, dans les alcôves où les cocottes de 1900 les réduisaient à l'état de jouets. Sarah était à peu près nue sous un déshabillé qui découvrait parfois des cuisses galbées et blanches, ma foi, à vous faire perdre le souffle. Mon vieil ami trépignait. Le brave homme ! Il croyait prendre la succession des Morny, des Roger de Beauvoir et des Castellane. Je le laissai avec son enchanteresse qui, je l'ai su depuis, lui soutira deux cent mille francs et quelques recommandations importantes pour des « affaires ». Huit jours plus tard, nous dînions tous trois au Café de Paris, où Sarah avait tenu à nous offrir un de ces menus sensationnels que seul savait préparer Louis Barraya, vieux Parisien authentique, celui-là, et traiteur de haute lignée. Mon ami était toujours sous le charme. Il nous racontait l'histoire de Paris en nous rappelant le souvenir de Maupassant, de Paul Bonnetain, de Hugues Le Roux, professionnels jolis garçons d'une époque que nous ne pleurerons jamais assez. Vers minuit, Sarah fut appelée au téléphone et nous quitta fort mystérieusement. Nous ne devions plus la revoir.

— Elle nous abandonne pour quelque prince, murmura mon ami.

Elle partait en réalité pour l'Amérique, livrer à des industriels le fruit de son pillage à Paris, car, sous couleur d'élégance innombrable, elle copiait nos robes et accumulait les modèles. Bien entendu, je gardai ces renseignements pour moi et ne révélai jamais à son adorateur d'un jour qu'il n'y a, hélas ! plus guère de vraies Parisiennes !

De nombreuses dames, Parisiennes d'hier et jeunes filles d'aujourd'hui, avaient bien voulu m'écrire, à la suite de je ne sais plus quel article où je parlais de la disparition progressive des grandes dames et des nobles filles d'autrefois. Quelques-unes prétendaient que « l'écran » serait à même de créer de nos jours des types aussi célèbres et ravissants que ceux qui firent notre admiration, quand les dessous des femmes bruissaient dans nos imaginations de collégiens. On me laissera d'abord répondre que le cinéma crée avant tout des stars de réputation « mondiale » et d'une beauté nouvelle, et qui si elles remplacent, pour les jeunes générations, les Parisiennes d'avant la guerre, ne les font pas toutefois oublier à ceux qui les ont connues et aimées.

Pour expliquer le charme particulier qui se dégageait de ces Parisiennes et dont elles semblaient se pénétrer, Émile Goudeau avait inventé sa fameuse *Fleur de Bitume*, qui ne pouvait s'épanouir qu'à Paris. Cette fleur unique au monde, Roqueplan l'appelait

autrefois *la Parisine*. Or, cette espèce s'est perdue
dans le tumulte des banques, salles d'actualités et
défilés politiques. Avec elle a disparu la femme
particulièrement « grisante » à qui elle donnait mystérieusement naissance. Quand nos grands-pères et nos
pères ouvraient autrefois les journaux du soir ou du
matin, ce n'était pas pour méditer sur la nomination
du général Goiran comme ministre de la Guerre, en
remplacement du regretté Berteaux, ou sur la démis-
sion de M. Le Peletier d'Aunay, ambassadeur de
France à Berne. Non ! C'était pour savoir quelles
rumeurs nouvelles couraient sur Germaine Gallois,
pulpeuse avec soixante-quatre dents éclatantes, ce qui
se disait de la spirituelle Jeanne Granier, des filles
ravissantes qu'étaient Madeleine Carlier ou Margue-
rite Brésil, et si Sarah Bernhardt jouait toujours *Frou
Frou* aux Variétés. Cela était de notre temps beaucoup
plus intéressant que la politique, et les passions
jouaient autour, parfumées et légères... Une petite
affaire de bijoux, un colloque de boudoir prenaient
bien plus de place, dans les cervelles, que les guerres
possibles ou les révolutions latentes. On avait encore
du cœur et de l'esprit...

Il me souvient de la cavalcade de potins tendres, de
rires bienfaisants et joyeux qui accompagna l'histoire
du manteau de fourrure de Madeleine Carlier, Parisienne admirable aux lignes fermes, et dont la moindre
moue de muguets impeccables jetait la panique chez
les couturiers et les fleuristes. Dans le parisien et
noble dessein de lui rendre ses hommages, un fourreur
célèbre s'était empressé de lui faire don d'un manteau

à vous couper la parole, ce qui était parfaitement admis, des femmes comme Madeleine Carlier ayant droit en principe à tous les égards... Elle accepta d'ailleurs l'objet, avec cette hauteur gracieuse et troublante qu'elles ont toutes en commun, et le porta théâtralement, car il en valait la peine. A quelque temps de là, le fourreur, qui n'avait été parisien qu'une fois, osa envoyer à Madeleine Carlier une facture astronomique. Celle-ci fut accueillie par un rire qui gagna bientôt tout Paris. L'actrice garda le cadeau, comme bien vous pensez, et tout Paris lui donna raison.

Ce n'étaient que noms de femmes qui vous passaient par la tête : Mlle Beauregard aux jolis pieds, et dont les allées et venues dans les coulisses de l'Opéra faisaient se déplacer au pas cadencé des pelotons de vieux messieurs. L'inoubliable Cléo de Mérode, plus puissante que les puissances, comme l'avaient été Madeleine Brohan ou l'illustre Léonide Leblanc, connue au théâtre sous le nom de Lambelle, et qui eut toujours le courage non pas seulement de ses opinions, mais de ses actes. Un jour qu'une petite comtesse, du genre pilier de conférences (car il y en avait déjà), l'aborda pour lui dire, non sans un certain mépris, qu'elle dînait le soir même chez S.A.R. le prince de G..., la belle Leblanc, qui ne se laissait pas marcher sur les pieds, répondit : « Et moi, j'y couche, *Madame la Comtesse !* » Inutile de dire que le mot fit autant de sensation que l'annonce de la mort du Grand Pan !

Le propre des Parisiennes était d'être célèbres. C'était un titre, ou plutôt un emploi auquel on était nommé par l'opinion publique, et qu'on illustrait par ses qualités particulières. Elles étaient Parisiennes comme on est aujourd'hui des deux cents familles, du Suez ou de quelque extrême parti politique. Elles régnaient ensemble sur toutes les classes de la Capitale, maniant le ministre ou le « mec » avec la même aisance et la même suprématie, qu'elles fussent de l'avenue de l'Opéra ou de Montmartre, du monde du flirt ou du monde du « fric ». Quelque chose reliait ainsi les dames des cabinets particuliers aux dames des bouges, et il y eut une parenté plus grande qu'on ne croit entre Cora Pearl, Esther Guimond, Blanche d'Antigny, Marie Sergent, dite « la reine Pomaré », Anna Deslions, la Castiglione, Hortense Schneider ou la Barucci (pour commencer par les sommets), et les autres, celles de la place publique, les La Goulue, Grille d'Égout, Rayon d'Or, la Môme Fromage, Mélinite, Muguette ou Demi-Siphon. Ainsi « Monsieur le Marquis », possesseur de quelques superbes anglo-normands pour ses promenades au Bois, et les copains de Valentin le Désossé, frère d'un notaire de Sceaux, assistaient au fond à la même féerie.

Et moi aussi, tout jeune, torturé par les émanations de cet Olympe, j'allais voir au Bois les reines inconnues de Paris, coiffées de turbans de gaze d'argent, ornées de grands volants de Chantilly montés sur robes de Liberty blanc, tant de promeneuses magnifiques, difficiles à atteindre, et d'où montait pour moi cet arôme singulier qui provenait du mari âgé, de quelque crème épilatoire et des parfums de l'époque, produits moins purs, évidemment, que ce que les Instituts de Beauté nous offrent aujourd'hui...

Il vous souvient de la façon dont Bourget décrit, dans *Un Divorce*, l'acheminement dans Paris d'une dame de la haute société, mêlée, qu'elle le voulût ou non, à tous les murmures et à tous les pièges de la capitale. On commençait déjà, avant la guerre, d'admettre Bourget, en même temps que Loti et Anatole France, dans le groupe des écrivains français corrects et dignes d'être expliqués en classe. Un jour que notre professeur de rhétorique abordait ce sujet devant nous pour explorer, comme il disait, le roman contemporain, il déclara sur un ton à la fois confidentiel et respectueux : « Il s'agit d'une Parisienne ! » Sans comprendre, nous avions tous compris. Une sorte de frisson nous courut sur la peau, et nous eûmes l'impression d'être admis tout jeunes dans le mystère...

Et plus tard, je devais m'apercevoir, en effet, que les Parisiennes, en dépit de leur vie étalée et de leurs liaisons tapageuses, demeurent des créatures mystérieuses et sans cœur, car elles ont beaucoup trop à faire pour sacrifier à la tendresse, des apparitions plutôt que des femmes, et dont le contact est souvent mortel pour l'âme de l'homme, même quand il a cru simplement s'amuser. Du moins, protecteur ou amant, cet homme pouvait toujours se dire, pour se consoler, comme on disait alors, qu'il avait connu des Parisiennes que leurs mères « avaient conçues en avalant une perle »...

Je croyais, et je l'ai dit ici même, avoir rencontré, en compagnie d'un ami, la « dernière des dernières », qui d'ailleurs n'en était pas une. Depuis, j'en ai vu une vraie, une vraie dernière, qui m'a reçu dans un petit hôtel du dix-septième qu'elle doit à une nuit d'amour prudente et opportune. C'est une dame d'âge, encore belle et dont je tairai le nom. Nous avons évoqué des souvenirs ensemble et touché des objets étonnants, derniers vestiges d'un temps à jamais disparu, par exemple, le programme de *Pierre et Thérèse*, de Marcel Prévost, représenté pour la première fois au Gymnase, le 20 décembre 1909, et joué par Marthe Brandès et DuII ény ; des lettres de Lavallière, qui jouait *l'Ange*, de Capus, à la même époque ; enfin, le corset Stella n° 52 de Mᵐᵉ Bellanger, très long autour du bas, très droit devant, dégageant l'estomac et laissant la poitrine basse, pièce de musée en beau coutil broché qui valait 22 fr. 90 !

Heureux temps ! L'orfèvrerie « en location » pour demi-mondaines coûtait trois francs par mois ; *Épine-Vinette*, à M. Lech, gagnait la Grande Course de Haies de Monte-Carlo ; on s'arrachait le *Fauteuil Hanté* de Gaston Leroux ; le roi Manuel se dérangeait pour venir à l'exposition de Sem ; le téléphone public, qu'on venait d'installer, s'appelait « innovation américaine »...

Puis, nous lûmes des billets dus à la plume de Rose Pompon, la plus stupide des grandes Parisiennes, qui confondait l'eau de Botot et l'eau de Vichy, qui tutoya des rois pour mourir sur la paille d'un couvent ; des lettres fort gaies de Blanche d'Antigny, qui allait toute nue sous son manteau en plein Paris...

Je touchai des mèches de cheveux qui avaient appartenu à celles qui bouleversèrent les cabinets particuliers, tandis que mon aimable et digne interlocutrice murmurait : « Autrefois, le plaisir a été quelque chose de divin et de suprêmement élégant, c'était l'art par excellence, alors qu'aujourd'hui, on aime vite et sérieusement... »

Palaces et hôtels

Il y a, au Waldorf Astoria de New York, une téléphoniste qui est préposée spécialement, exclusivement, aux Habitudes. Elle est, en quelque sorte, la mémoire des clients. Elle rappelle à celui-ci qu'il est l'heure de prendre son bain, mais elle pourrait aussi bien lui signaler, sur sa demande, s'il est sensible, que le journal du jour ne comporte aucun crime et qu'il peut l'ouvrir sans crainte. Rien ne montre mieux que la vie d'hôtel est la seule qui se prête véritablement aux fantaisies de l'homme. Paresseux, noctambule, excentrique, celui qui choisit de vivre à l'hôtel est d'abord un client, surtout en Amérique, et la loi, l'impératif est de se mettre à sa disposition sans manifester jamais d'étonnement, demanderait-il quelques grammes de radium ou un éléphant...

Paris, riche de mille cinq cents hôtels environ, d'après l'annuaire des téléphones, ne pouvait rester indifférent à ce code admirable qui permet au citoyen le plus obscur de vivre en prince pendant quelques heures, et nous avons depuis la guerre une dizaine de grands établissements qui ont réponse à tout. C'est peu, dans une ville de mille cinq cents hôtels, mais nous avons le charme... Sur le plan de l'hôtellerie,

comme sur tant d'autres, le retard de « l'industrialisa-
tion » est compensé chez nous par le pittoresque.
Hôtel Terminus-Austerlitz-et-du-Pied-de-Mouton,
Hôtel des Mathurins et de New York, Hôtel du Grand
Saint-Fiacre, Hôtel de la Bertha, Hôtel de l'Univers et
du Portugal, Hôtel de la République, du Garage et des
Étrangers... Je connais maints voyageurs qui habite-
raient de pareilles maisons pour le seul plaisir de
l'adresse.

Dans tous ces établissements, qu'ils soient palace ou
maison meublée, machine à habiter ou simple garni, le
rôle de l'hôtelier est de participer le plus étroitement
possible à la vie de ses clients, que certains patrons
nomment leur famille. La vie d'hôtel est l'image
même de la société, et l'on comprend qu'un livre
comme celui de Vicki Baum, *Grand Hôtel,* ait fait le
tour de la littérature, du cinéma, de l'Univers...
L'hôtel est un pays en petit. On y vient au monde, on
y souffre, on y travaille et parfois l'on y meurt.
Certains êtres choisissent les hôtels comme lieu de
suicide, car la mort y est pratique. D'autres n'ont
encore rien trouvé de mieux pour jouir pleinement de
l'adultère. Quelques-uns considèrent l'hôtel comme
un refuge.

> *« L'hôtel » est un séjour charmant*
> *Pour un cœur fatigué des luttes de la vie...*

CEUX QUI ENTENDENT VIVRE GRATIS

Si le rat d'hôtel a disparu, comme la cravate à
système et le tricycle à pétrole, l'escroc n'a pas

renoncé à abuser de la confiance et de la largeur d'esprit du personnel hôtelier. Faire un agréable séjour quelque part et filer sans régler sa note est une habitude dont certains hommes se débarrasseront difficilement. Celui-ci essayera de remettre à la caisse des chèques sans provision, et parfois des billets faux. Celui-là commandera un déjeuner somptueux de plusieurs couverts au restaurant et en profitera pour emprunter cent francs au maître d'hôtel, après quoi il ira manger, debout, un croissant au bar voisin.

Il y a une anthologie à composer avec les stratagèmes employés par quelques *voyageurs* pour vivre gratis dans les conditions les meilleures du monde. La certitude que les directeurs sont en rapport avec la police ne les arrête jamais. Au besoin, quand la surveillance est étroite, ils la tournent à leur avantage et n'hésitent pas à se faire passer pour ambassadeurs ou rois. Un comparse, qui téléphone fréquemment de l'extérieur, contribue à la réalité de ces personnages et fait croire aux missions...

Une des questions qui sont particulièrement importantes dans le tourbillon de la vie d'hôtel est celle des chiens, source d'ennuis et de tracas, voire de complications diplomatiques pour le personnel. Une armée de grooms doit être mobilisée plusieurs fois par jour pour la promenade hygiénique des clients à quatre pattes. Il faut de plus éviter les rencontres entre pékinois d'opinions politiques différentes, rencontres qui dégénèrent rapidement en bagarres. Enfin, il faut fermer les yeux sur de petits accidents d'ordre naturel, si naturels que certaines clientes ne comprennent pas que l'on s'en étonne et menacent de quitter l'hôtel à la moindre observation.

Dans les grands hôtels que ne hantent que des animaux de luxe, perroquets de musées, roquets d'expositions, le régime des chiens est aussi soigné que celui des maîtres. Il ne se passe pas de jour qu'on n'aperçoive sur quelque commande « une aile de poulet pour chien », ou « une côte de mouton pour chien ».

Certaines dames, dont on ne sait si elles sont plus originales que réservées, préfèrent ne pas mentionner que l'aile de poulet est pour le toutou, et passent volontiers, malgré le souci qu'elles prennent de leur ligne, pour de grosses mangeuses. On imagine sans peine les drames que provoque dans un hôtel la mort de quelque chien auquel on s'était habitué comme à un client. Il faut non seulement consoler la maîtresse éplorée, mais s'occuper des obsèques, et se mettre en quatre pour découvrir, dans un cimetière pour chiens, une concession digne du défunt.

CELUI QUE LES HÔTELIERS REDOUTENT :
LE JOURNALISTE

Une autre plaie de l'hôtel est le journaliste, autant le dire tout de suite et sans précautions. L'observation est d'ailleurs tout à l'honneur de la profession. Le journaliste est un monsieur qui a reçu l'ordre d'approcher coûte que coûte les grands personnages, de leur arracher une déclaration, de les surprendre dans l'intimité. Or, le grand personnage est généralement un voyageur excédé, qui n'a rien à dire et qui ne sait plus ce que c'est que la vie privée. Tant mieux, répond le journaliste, c'est justement ceci qui est intéressant.

L'hôtelier proteste, le journaliste insiste, et, quand on lui fait la vie dure, il n'hésite pas à emprunter les vêtements d'un sommelier ou d'un veilleur de nuit pour se faufiler dans la chambre où se cache le sujet de son article.

L'hôtel est le séjour préféré d'une nuée d'originaux qui, dès l'instant qu'ils règlent leurs notes, étalent leurs manies et sonnent à tout propos. J'ai connu un fantaisiste qui, sur ses vieux jours, s'était constitué dans son appartement une collection d'objets volés dans les établissements où il avait séjourné : cendriers, essuie-mains, verres à dents, fourchettes, poivriers, cintres, provenant de Milan, de Dresde, d'Edimbourg, de Rio, encriers, presse-citrons et papier à lettres. Tel autre, qui ne se lavait les dents et les mains qu'à l'eau de Contrexéville, avait besoin d'un livreur particulier et contrôlait lui-même les bouteilles.

SECRET PROFESSIONNEL

Le premier devoir, et le plus strict, de l'hôtelier, est le respect absolu du secret professionnel. Il sait parfaitement que le monsieur chauve du 307 et la dame blonde du 234 sont du dernier bien, que l'une de ces deux chambres est toujours vide la nuit, mais il l'ignore parfaitement, le 307 et le 234 se saluant à peine dans le couloir et affectant souvent d'avoir l'un pour l'autre un profond mépris. On m'a cité le cas d'un riche provincial que ses affaires obligent à faire à Paris trois séjours annuels d'une assez longue durée, en compagnie de sa femme. Or cette femme, qui est toujours légitime, n'est jamais la même. Mais tout le monde à l'hôtel doit l'ignorer, et veiller à ne pas remettre à l'épouse de juillet la combinaison rose oubliée par l'épouse de décembre.

Plus redoutable que le journaliste, et cette fois plaie au féminin, me faisait remarquer un gérant subtil, est la madone des palaces. Après s'être fait annoncer par des lettres qui ne laissent aucun doute sur sa distinction mystérieuse, après avoir câblé et recâblé qu'elle avait fait un peu de cinéma, par condescendance, entre deux divorces princiers, elle se présente à l'hôtel, encombrée de bagages et de châsses mastodontes, comme une ambassade du xvie siècle, mais le porte-monnaie vide. Physionomistes aussi rapides que les inspecteurs de Monte-Carlo, les directeurs des grands hôtels reconnaissent aussitôt l'aventurière. Mais ils sont bien obligés de lui faire crédit jusqu'au jour où elle rencontre enfin dans le hall le généreux donateur qui en est à sa première aventure... Si celui-ci ne se présente pas, le directeur n'a plus qu'à faire sous les yeux de la vamp un inventaire discret et respectueux de ses bijoux et de ses fourrures. Il déclare qu'il regrette sincèrement que la crise puisse avoir d'aussi pénibles et inélégantes conséquences, et il n'ajoute rien de plus, car il n'est pas juge...

EST-CE LA PROSPÉRITÉ QUI REVIENT ?

Le mot crise est entré dans le vocabulaire des hôtels depuis quelques années. On a bien essayé de ne pas le prononcer au début, mais il a fallu s'y faire à la longue. Il faut dire pourtant que les hôtels parisiens ont stoïquement supporté l'absence de leurs clients, et que, lorsqu'ils ont été obligés de fermer, de céder ou de sous-louer, ils l'ont fait avec dignité, comme les généraux se rendent. Jusqu'à la dernière minute, sans jamais avouer qu'ils souffraient plus que d'autres du malaise économique, ils ont cherché des vétérinaires pour serins quand il le fallait et convoqué des tireuses de cartes pour des clientes indécises.

Aujourd'hui, tous les hôtels parisiens sont dans une situation difficile : la crise hôtelière ne sera résolue que le jour où la circulation de l'argent pourra être rétablie. On se plaint du Tourisme, mais ce n'est pas le tourisme qui est en cause. Les étrangers ne demandent qu'à venir chez nous. Le malheur est qu'ils ne peuvent exporter leurs capitaux, et, quand ils le peuvent, ils redoutent l'effondrement des Changes. Ces fluctuations et ces interdictions ne permettent pas aux hôteliers de faire imprimer des prix. Ils ne peuvent compter que sur des clients hardis et très riches. Espèce de plus en plus rare. La salade des devises a d'ailleurs créé parfois des phénomènes assez curieux. Ainsi, ce sont les Français qui ont fait vivre ces dernières années les stations d'hiver autrichiennes. Et l'on dit que nous ne voyageons pas !

Habitudes, nostalgie de Paris, résultats d'une excellente propagande ou attraction de la saison, une sérieuse reprise a pourtant été constatée dans l'industrie hôtelière parisienne, et c'est le moment qu'il convient de choisir pour visiter quelques grands établissements qui font plus pour notre renom que discours et manifestations.

AUX TUILERIES

Quelqu'un disait jadis, peut-être Saint-Saëns, qu'il y avait trois sortes de musique : la bonne musique, la mauvaise musique, et la musique d'Ambroise Thomas. Excellente formule, qui peut servir à caractériser la clientèle d'une des maisons les plus illustres de France : le Meurice. Et l'on peut ainsi poser en principe qu'il y a trois sortes de clientèles : la bonne, la mauvaise et celle du Meurice.

Le vrai client du Meurice a été dessiné plus de cent fois par Sem. C'est un monsieur qui porte des faux cols trop hauts, évasés en cornet, pareils à l'enveloppe d'un bouquet de fleurs, et qui montent jusqu'aux yeux. Avant la guerre, l'épouse de ce personnage solennel et délicieux, immensément riche, lui remettait méticuleusement chaque matin son argent de poche : cinq francs en monnaie, ce qui en fait cinquante environ à l'heure qu'il est. Mais si l'on y cherche une vraie cliente, je pense à la femme du grand peintre Sert, qui y habita très lontemps.

En 1806, le Meurice était situé au 223 de la rue Saint-Honoré. Il avait été construit sur l'emplacement de la salle du Manège, où, du 7 novembre 1789 au 9 mai 1793, se tinrent les séances de l'Assemblée Constituante, de l'Assemblée Législative et de la Convention Nationale. Il est donc contemporain de la République. En 1816, la poste aux chevaux de Calais, dirigée par M. Meurice, s'installa dans les restes du couvent des Feuillants et s'y maintint jusqu'en 1830. En 1917, les terrains, qui appartenaient aux Feuillants et sur lesquels s'élèvent aujourd'hui les bâtiments du Meurice, furent mis en vente comme faisant partie du domaine de la Couronne. Le comte Greffulhe acheta deux parcelles de ces biens nationaux pour 41 700 francs. Les immeubles de la rue de Rivoli, dont le percement avait été décidé en 1802, furent bâtis conformément aux plans imposés aux propriétaires, et à la condition que les boutiques des arcades ne pourraient être louées à des artisans, ni à des bouchers, charcutiers, boulangers ou pâtissiers, et à toute autre profession faisant usage du four et du marteau. La tranquillité raffinée dont jouissent les clients du Meurice commençait. Et ces prescriptions se sont continuées jusqu'à nos jours. Le Meurice est situé dans un quartier d'hygiène serrée. Dans un autre hôtel, à quelques pas de là, on désinfecte les chambres après le départ de chaque client.

ANGLAIS, DANDIES ET NOBLES ÉTRANGERS

Lorsque Paris se fut apaisé après vingt années de remous et troubles, les Anglais se précipitèrent chez nous pour voir ce que la Capitale de la France était devenue. Les plus riches descendirent au Meurice, dont la réputation, à l'époque de la Restauration, était excellente. L'hôtel venait d'ouvrir quatre nouveaux appartements en face du jardin des Tuileries, dans l'un desquels, stipule un prospectus du temps, « on pouvait, si cela était nécessaire, installer jusqu'à trente lits ».

Des appartements plus petits, à un seul lit, dont le prix était de trois francs la nuit, avaient été également mis à la disposition de la clientèle. La maison se flattait qu'aucun hôtel en Europe ne fût mieux réglé ni mieux organisé pour offrir le plus grand confort aux Anglais, dont elle avait le souci constant de respecter les habitudes et les traditions. Pour disposer le voyageur, on lui apprenait outre cela que le linge était blanchi au savon à trois milles de Paris, et non battu ou brossé, comme cela se faisait généralement en France au début du xixe siècle.

Le prix consenti aux pensionnaires comprenait tout, à commencer par le vin, excepté pourtant le bois, que les clients avaient la liberté d'acheter. Enfin, de même que l'on retient aujourd'hui rue de Rivoli des couchettes de wagon-lit, ou des places à l'Opéra de Berlin, on pouvait, du temps de Louis XVIII, retenir des voitures pour Calais, Boulogne et n'importe quel endroit du Continent.

Lorsque la rue de Rivoli fut achevée en 1835, l'hôtel s'installa en façade dans des bâtiments neufs. Pendant la Monarchie de Juillet et le Second Empire, les clients « sans pension », les pensionnaires ou les visiteurs du Meurice, Anglais, dandies, nobles étrangers, gens de Cour, Parisiens brillants, firent au Meurice la réputation d'être la maison la mieux fréquentée de Paris, réputation qui ricocha jusqu'au triomphe, puis jusqu'au stade de ce qu'on appelle « l'exclusif » en argot hôtelier.

Acheté en 1905 par une nouvelle société, remanié de fond en comble, un nouveau Meurice naquit en 1907 sous la bénédiction des fées qui président aux événements parisiens. Rois et reines du monde entier n'attendaient que ce signal pour inscrire la rue de Rivoli au nombre de leurs résidences : l'Angleterre, la

Belgique, le Danemark, la Serbie, la Grèce, l'Italie, l'Espagne, la Yougoslavie, la Hollande et le Siam furent tour à tour représentés dans les appartements du Meurice par leurs monarques, héritiers et princesses. Défilé éblouissant, à propos duquel on m'a rapporté le mot touchant d'une petite fille de Paris qui passait des heures à faire le guet au coin des rues de Castiglione et de Rivoli aussitôt qu'elle avait appris par le journal ou la rumeur qu'un roi ou qu'une reine se trouvait au Meurice. Comme on lui demandait un jour la raison de cette obstination, la petite répondit :

— Je viens voir si ces messieurs-dames ressemblent bien aux portraits de ma collection de timbres...

LE RENDEZ-VOUS DES POÈTES ET DES ORIGINAUX

On sait qu'avant la guerre des pelotons de curieux et d'admirateurs se livraient à toute une stratégie devant le Meurice pour apercevoir Edmond Rostand, client fidèle, et qui composa *Chantecler* à l'hôtel. Un murmure d'admiration s'élevait sur son passage. Le poète avait du reste tout ce qu'il faut pour séduire les foules : une moustache d'officier de hussards, un visage d'un galbe fin, un monocle brisant, et un « paille » dont, quelques années plus tard, Maurice Chevalier devait éprouver les vertus au music-hall. Rostand n'a pas été remplacé dans le hall du Meurice. Aussi bien, la littérature a dû céder le pas à la haute couture, à la boxe, à la politique. C'est Mme Chanel, que j'ai aperçue récemment rue de Rivoli, Coco Chanel, qui est une reine aussi, et qui reçoit assurément plus de visites qu'un auteur dramatique. Pour la moustache, c'est celle du maréchal Pétain qui assure le service de la célébrité. Quant au « paille », j'ai bien cru remarquer que le maharadjah de Kapurthala en portait un, mais, comme dit l'autre : « Allez vous y retrouver ! Il y a au moins deux Kapurthala par hôtel en ce moment ! »

Plus que ses égaux en luxe, et sans doute par les vapeurs de snobisme qu'il dégage, le Meurice a la spécialité d'attirer les grands originaux, du moins ceux qui ont assez d'argent vrai pour avoir des idées fausses, depuis l'Anglais qui ne voyage qu'avec une boussole de façon à pouvoir toujours dormir la tête orientée vers le Nord, jusqu'à cet Américain qui, lorsqu'il vient à Paris, tient absolument à voir la Tour Eiffel de sa fenêtre. Un jour, dans l'impossibilité de le satisfaire, un maître d'hôtel suggéra à ce maniaque de se faire construire une Tour Eiffel portative et extensible, qu'il pourrait à volonté transporter de continent à continent et installer dans les chambres, les bars ou les jardins. L'Américain écouta la chose le plus sérieusement du monde. Et il est fort possible que nous lisions un jour dans les journaux l'information suivante : « Un original déclare à la douane maritime une Tour Eiffel en réduction. »

— Si encore, me confiait un barman, nous n'avions affaire qu'aux maniaques doux, qu'aux fantaisistes solitaires qui se contentent de fétiches ou de jouets ! Mais il y a les clients à scandale, et même pis. Je ne puis vous citer le nom de l'établissement où cela s'est passé, mais essayez de vous représenter les conséquences de la chose : un jour, un dîneur mécontent, croyant à un attentat, a abattu en pleine salle un

malheureux maître d'hôtel. Il était mort, monsieur,
mort, mort, mort ! Homicide par imprudence, si l'on
veut, d'accord, mais tout de même, mettez-vous à la
place du client !

Admirables nuances du métier ! C'est le client que
l'on plaignait et non le défunt, ni la famille d'iceluy.
Un client qui devait être fort embarrassé, et qui sans
doute changerait d'hôtel. Voici comment les choses
s'étaient passées : on servait des œufs de pluvier farcis
à un client bien pris dans un smoking parfait, mais
voici qu'un œuf de pluvier tombe maladroitement
entre ce smoking parfait et la pure chemise du
monsieur. Le maître d'hôtel perd son sang-froid,
bleuit, pâlit et, croyant bien faire, cherche vivement à
retirer l'œuf de ses doigts tremblants, ce qui crépit le
plastron du client d'une longue peinture de Braque.
Devenu fou furieux, le dîneur, parant l'attaque, se
lève, tire son browning et abat le maître d'hôtel !

— Hein ! dit le barman. C'est du roman policier,
ça ! Mais, pour ma part, j'aime mieux ceux qui
prennent la chose gaiement. J'ai connu un maître
d'hôtel qui malaxait sans cesse et trop fort un râtelier
hautement décalé. Un soir, il le laisse tomber dans un
soupière :

« — Non, merci, murmure le client qu'il était
chargé de servir, j'en ai déjà un ! »

Ce que l'on pourrait appeler le paroxysme du
Meurice se produit une fois l'an, au cours de la grande
semaine parisienne, un peu avant l'heure du dîner,
paroxysme dont le fumet se répand dans le quartier et
qui ne trompe pas. Il y a là un mariage de bas de soie,
de perles, de lèvres fardées, des froissements de
chèques, des conversations, des chuchotements qui

font ressortir le plus pur de l'actualité, des allées et venues, des coups de téléphone, un parfum, un esprit qui disent assez que l'endroit est un lieu géométrique, une capitale minuscule, un nœud vital. Sous le porche, flegmatique, important, rêve le chasseur, un des personnages les mieux renseignés de Paris, les plus influents aussi, et qui faillit être réprimandé un jour pour ne pas avoir deviné que quelqu'un aurait la curiosité de fouiller les bagages de Lloyd George, lors de la Conférence de la Paix.

RUE CAMBON,
PLACE VENDÔME

On ne sait guère que le fondateur de l'hôtel Ritz fut un homme comme vous ou moi, et qui s'appelait réellement et tout simplement M. Ritz, comme Flaubert s'appelait Flaubert et M. Thiers M. Thiers. On croit volontiers, loin de Paris, là où le Ritz recrute justement le plus étincelant de sa clientèle, que Ritz serait plutôt un mot comme Obélisque, Tour Eiffel, Vatican ou Westminster, voire Jérusalem ou Himalaya. Ce point de vue se défend. Je disais un soir à Marcel Proust, qui venait précisément de commander pour nous, à minuit, un melon frais au Ritz, que je rêvais de composer un catéchisme à l'usage des belles voyageuses ornées de valises plus belles encore. Catéchisme dont l'idée m'avait été fournie par une conversation que j'avais eue dans un salon avec les plus beaux yeux du Chili :

— A quoi rêvent les jeunes filles fortunées ?

— A la vie d'hôtel.
— Quels sont leurs hôtels préférés ?
— Elles préfèrent toutes le même : le Ritz.
— Qu'est-ce que le Ritz ?
— C'est Paris.
— Et qu'est-ce que Paris ?
— Le Ritz.

« On ne saurait mieux dire », murmurait Proust, qui eut toujours pour cet établissement une tendresse mêlée de curiosité. Il aimait, lui si expansif, qu'on y observât très sérieusement la première et la plus noble règle des hôtels : la discrétion. Discrétion absolue, obturée au ciment armé, et du type « *rien à faire* ». Il avait été profondément intéressé aussi, un soir, par le métier d'hôtelier, qu'il trouvait un des plus humains de tous et le mieux fait pour recueillir, palpitant, sincère et précis, le secret des êtres. On ne dit la vérité, paraît-il, qu'au médecin et à l'avocat. La Sagesse des Nations aurait pu ajouter : et à l'hôtelier.

Tout comme les premiers directeurs du Grand Hôtel, M. Ritz, lorsqu'il lança son établissement, révolutionna l'industrie hôtelière européenne. C'était en effet la première fois, depuis qu'il y a des hommes et qui ne couchent pas chez eux, que chaque appartement fût pourvu d'une salle de bains. Au premier abord, le Ritz est un palais tranquille dont le cérémonial n'est troublé que par des erreurs de couverts ou des chutes de fourchettes. De grandes dames, dont la fortune assurerait l'aisance de plusieurs générations, y boivent un thé précieux avec une distinction de fantômes. *No man's land* presque bouddhique où les maîtres d'hôtel glissent, pareils aux prêtres perfectionnés d'une religion tout à fait supérieure.

PERSONNALITÉS DE PREMIER PLAN

La clientèle y est inévitablement composée de personnalités de premier plan. Tout récemment, comme je parlais de Proust avec Olivier, le maître des maîtres d'hôtel, un des pivots du mécanisme parisien, on me désigna rapidement, au passage, le comte et la comtesse Haugwitz-Reventlow, c'est-à-dire toute l'Allemagne wilhelminienne et toute l'aristocratie de l'aventure mondaine, car la comtesse Haugwitz-Reventlow n'est autre que Barbara Hutton, l'ex-épouse de M. Mdivani. J'aperçus, guidé par ma vue perçante et par son index précis, le baron et la baronne de Wedels-Jarlsberg, M. Joseph Widener, le prince et la princesse Nicolas de Grèce, le marquis Somni-Piccionardi, le prince héritier de Kapurthala, Georges Mandel, le docteur Nicolas Murray Butler, bref, tout un aréopage dont la disparition entraînerait de l'anémie en Europe.

Dans la coulisse, depuis des années, le même personnel veille au maintien des traditions et défend la forteresse : Jimont, l'as des chefs, en tête. N'oublions pas qu'un grand hôtel doit être une grande cuisine. Une cuisine dont on ne parle pas, cela va sans dire, de même que l'on ne risque le mot « crise » qu'avec mille précautions, pour ne pas effaroucher une clientèle qui n'a jamais entendu parler de cette maladie nouvelle, crise qui d'ailleurs va s'atténuant. Le Ritz est tout fier de pouvoir annoncer une amélioration notable de la situation sur l'année dernière. L'officier d'état-major de cet admirable hôtel qui me donne le détail me fait également remarquer que le Ritz s'efforce d'être un hôtel complet, un hôtel qui se suffit à lui-même, qui a ses propres lingères en lingerie fine, ses blanchisseuses d'élite, et un établissement floral spécialement créé pour garnir ses huit jardins et ses dix-huit serres. Enfin, dernier renseignement pour ceux qui perdent inutilement leur temps dans les carrières poétiques : un chef d'étage quelque peu habile peut arriver à se faire 10 000 francs par mois [1].

LA DAME VOUÉE AU NOIR

Cette jolie somme me rappelle l'histoire d'une dame qui, si elle n'est pas ritzienne, mérite de le devenir un jour. Le monde parisien l'avait surnommée la Dona Bella. Elle n'était plus très jeune, bien que splendide encore. Son mari était vaguement banquier dans un vague Brésil. Elle ne se montrait qu'en noir, et faisait installer la chambre qu'elle retenait en tentures et tissus noirs. Son lit était paré de soie et de draps noirs. Elle s'évertuait à imposer le noir à son fils, et à une gouvernante qui n'allait pas tarder à l'alléger de tous ses bijoux...

Cette symphonie en noir était heureusement relevée par une générosité qui avait le droit de se faire appeler gaie : la Dona Bella donnait une livre sterling de pourboire pour chaque acte de service, et autant par invité quand elle recevait des amis à déjeuner ou à dîner. Un jour plus noir encore qu'à l'ordinaire, elle demanda à un chasseur de l'accompagner jusqu'à je ne

---

1. Ce chapitre a été écrit en 1936...

sais plus quelle gare, car elle craignait de voyager
seule. Arrivée devant le compartiment, elle remit au
jeune homme un chèque de 10 000 francs pour le
remercier.

Ce sont ces faits divers de la vie ultra-mondaine qui
font rêver les midinettes de la place Vendôme, les taxis
qui passent et repassent, les bacheliers pressés d'être
hommes, « pour voir », et tous ceux qui ne connaissent du Ritz que cet énigmatique parfum, riche
d'anecdotes, dont s'emplit le porche.

L'HUMILITÉ DU GRAND CARNEGIE

Citons au badaud que troublent les manies de la
cliente milliardaire un acte de modestie qui vaut aussi
son pesant d'or. Un jour, Carnegie, le vrai, et qui était
tout petit, se présente timidement au Ritz. Aussitôt le
personnel, au grand complet, de mettre les plus
somptueux appartements de la maison à sa disposition, à commencer par le célèbre appartement Empire
du premier étage. Or, Carnegie ne se trouvait pas « à
l'échelle ». Il se regardait dans les glaces, courait aux
fenêtres, s'évaluait devant la colonne Vendôme et ne
se montrait pas le moins du monde enthousiasmé.
Finalement, sur sa prière, on lui donna la chambre la
plus petite du Ritz, qui était sur les jardins, et il se mit
à sautiller de bonheur.

Bel exemple de simplicité et même d'humilité que
l'on pourrait faire imprimer sur papier couché, en
gros caractères, pour Mme O..., cliente autoritaire,
absurde, capricieuse, arrogante, qui faisait aux
femmes de chambre des scènes terribles parce que les

chaises de son appartement, disait-elle, étaient asymétriques. Les femmes de chambre s'inclinent, se retirent, se concertent avec les garçons d'étage et font changer les meubles, sans le moindre murmure de protestation. Le personnel d'un hôtel digne de ce nom ne perd pas de temps à apprécier les mouvements de colère ou les sautes d'humeur de la clientèle. En revanche, il ne peut retenir son admiration dès qu'il se trouve en présence de voyageurs qui ont plus de sentiments que de bagages...

On m'a cité le cas d'un couple qui n'eût pas manqué d'inspirer à Maupassant une de ces nouvelles courtes et sombres dont il avait le secret. Descendent un jour place Vendôme un Anglais et une Espagnole. Mariés, et tous deux de haute aristocratie. Ils prennent un appartement luxueux de cinq à six mille francs par jour et ne sortent plus de ce décor. C'étaient, comme la Dona Bella, des maniaques de la tenture noire, de l'ombre, des rideaux tirés et des stores baissés. Ils exigèrent de la direction que le service fût absolument muet. Comme ils ne toléraient aucune question de la part du personnel, celui-ci devait avoir l'œil à tout, tout deviner et tout comprendre. On chuchotait un peu dans les couloirs sur ce couple singulier qui semblait mimer une histoire d'Edgar Poe.

On se demandait ce que cachaient ces deux visages pâles, mélancoliques et comprimés, qui parfois s'éclairaient d'un grave sourire. Ils prenaient tous leurs repas à l'hôtel et se montraient chaque soir, lui en habit, elle en toilette de soirée, dans une attitude noblement voûtée, chargée, ténébreuse. N'y tenant plus, un maître d'hôtel, que tant de dignité funèbre empêchait de dormir, s'en fut aux renseignements, et il revint pour apprendre à ses collègues que l'Anglais et l'Espagnole pensaient nuit et jour à un fils très beau tué à la guerre...

Ce Ritz si tranquille, si respectable, si bien conçu pour le sommeil psychologique des grands de la terre, est en vérité tout sonore de romans, tout orné de biographies pathétiques. On croit que certains êtres recherchent le plaisir. En réalité, ils se réfugient dans les hôtels et fuient les hommes parmi les hommes. Ce qui faisait dire à un directeur à qui je demandais quelle était à son avis la première qualité de l'hôtelier : « Le cœur !... »

AVENUE GEORGE-V

On compare volontiers les paquebots à des hôtels flottants. On pourrait aussi heureusement comparer les hôtels à des paquebots immobiles, en commençant par le George-V, qui s'est ancré, pareil à un transatlantique soigné et poudré, dans l'avenue la plus aristocratique de Paris, autrefois bout de campagne où s'étalaient des chaumières, aujourd'hui bras de mer d'un luxe calme. Murailles fines, presque fragiles, de pierre et de marbre, plans successifs de jardins fleuris, de terrasses, le George-V n'a rien de la machine à habiter, selon le mot qui fut probablement inventé par de vieilles dames mal adaptées à une époque de machines précises et d'habitations enfin confortables.

Le George-V n'a rien non plus du palace monumental et mélancolique où le luxe et l'ennui se confondent. C'est exactement l'hôtel qui est destiné à une clientèle que rien ne rattache à l'avant-guerre, une clientèle intimement liée au jazz, à la vitesse, aux fluctuations des changes, et pour laquelle la direction avait créé, bien avant le pays légal, comme on dit aujourd'hui, un service d'avions-taxis qui cueillaient le touriste à la descente des paquebots.

Mêlé aux malaises et à l'euphorie de ces dernières années, le George-V a été lancé par la signature du plan Young, qui eut lieu dans le salon bleu, appelé depuis « des experts », en présence de MM. Moreau, Montagu Norman, Pierpont Morgan, Strong, Schacht et Luther. M. Young emporta aux États-Unis la chaise qui avait été la sienne et le tapis vert sur lequel s'étaient appuyés tant de coudes illustres. Sur ce même tapis, devenu relique, un banquet-souvenir fut servi en Amérique, en 1930.

La même année, trois nouvelles signatures contribuaient, à Paris, à rendre célèbre l'encre de l'hôtel George-V : celles du colonel Easter Wood, et de Costes et de Bellonte, à l'occasion de la première traversée française de l'Atlantique, qui fut décidée, ou plutôt pariée, au bar. Puis ce sont les statuts de la Banque des Règlements Internationaux de Bâle qui voyaient le jour dans le salon Young. Enfin, Roosevelt, alors gouverneur de l'État de New York et candidat du parti démocrate à la présidence, vint rendre visite à sa mère souffrante qui séjournait au George-V à cette époque.

LE VISAGE D'UNE ÉPOQUE

Ainsi, l'hôtel est entré dans l'Histoire compliquée de 1920 à 1935, et il sera certainement cité dans les ouvrages destinés à l'Enseignement Secondaire des collégiens du xxie siècle, comme un monument. Cette immortalité ne sera pourtant pas uniquement faite de souvenirs officiels ou monétaires propres à faire bâiller les enfants de nos enfants.

Car les professeurs de petite Histoire ajouteront au texte abstrait des manuels que, vers la même époque, chefs d'État, argentiers et ministres chargés de régler le sort de l'Europe rencontraient dans les ascenseurs ou le restaurant du George-V d'autres célébrités qui entretenaient dans ce lieu une atmosphère de sommets : Chevalier, Tilden, Yvonne Printemps, Brigitte Helm, Jeanette Macdonald, le célèbre escroc Factor, ou Rossoff, roi du métro new-yorkais, prince du métro moscovite. Et George-V, ainsi nommé parce que les rois ont une grande attraction sur les voyageurs, passera pour avoir été un hôtel infiniment important et pittoresque, qui avait encore la coquetterie de s'accorder avec les travers et les manies du couple ou de l'isolé des années 25 à 35.

Voyant un jour entrer un des clients de l'établissement complètement ivre à la tête de l'orchestre de l'Abbaye au grand complet, le veilleur de nuit sourit gracieusement à cette tribu et laissa passer saxophones et violons sans leur opposer la moindre résistance. Le client invita les musiciens à le suivre dans sa chambre, s'étendit sur son lit, et se fit donner une aubade américano-slave pour lui seul. Il alla même jusqu'à réclamer ce qu'on appelle des claquettes, en style dancing, car il ne pouvait plus s'arracher à l'enchantement montmartrois. Vers 11 heures du matin, sous le regard respectueux d'un des personnels les plus aimables de Paris, l'orchestre quitta doucement l'original qui s'était endormi. Il lui arrivait de boire trois semaines d'affilée, et de réclamer du whisky à l'hôpital où il fallut bien le recommander un jour.

AVION OU PAQUEBOT?

Si l'original fait la joie des chefs de réception, gouvernantes, nurses, sommeliers et grooms, il les affole aussi parfois, mais uniquement parce qu'il oublie de « prévenir », comme cet explorateur qui pria le bureau de l'hôtel de bien vouloir lui garder deux lions en cage. On dut les mettre en pension au zoo. Comme ses confrères dans l'art de loger et de recevoir, le George-V accueille volontiers les mariages, championnats ou manifestations élégantes de la société parisienne. C'est dans ses salons, qui se prêtent aux exigences les plus inattendues, qu'eut lieu l'inoubliable lunch de mariage de Paul-Louis Weiller, ainsi que le fameux match de bridge au cours duquel mille curieux se sont presque battus pour approcher de tout près un roi de pique ou un sept de carreau particulièrement chargés d'avenir ce jour-là...

Ce n'est pas impunément que j'ai comparé le George-V à un paquebot. Il supporte admirablement la visite, tout comme l'*Ile-de-France* ou le *Normandie*. Mieux : il l'appelle, et il tient ses promesses. Entrer dans les profondeurs du George-V, c'est descendre dans les anciennes carrières du village de Chaillot d'où fut extraite la pierre qui servit à édifier l'Arc de Triomphe. Dans cette cave modèle, d'un silence de désert, s'empilent aujourd'hui des bouteilles aussi précieuses, pour quelques fous, que des vies d'hommes. Aussi la Ville de Paris l'a-t-elle classée au premier rang des abris pour Parisiens de luxe, en cas d'attaque aérienne. A vingt mètres sous terre, gardé à vue par des batteries de Haut-Brion ou de Chambertin, on imagine plus facilement encore un avion qu'un hôtel, me fait remarquer l'administrateur qui m'accompagne. Je me sens, en effet, sur le chemin du ventre de la terre, et je fais effort pour penser à un tapis, à un Manhattan cocktail, à un gigot, à une langouste, à un taxi.

Nous remontons d'un pas géognostique vers les cuisines. Au passage, nous apercevons l'artillerie de forge de la chaufferie, où l'illusion d'être en mer, de chercher à échapper à un typhon, est complète. Enfin, au sortir des grottes, des familles de casseroles nous sourient. J'ai envie de crier : « Terre ! » Dans une cabine, j'aperçois un ami : c'est Pierre Benoit. Ainsi, il était aussi du voyage ? Mais non. C'est la photographie de Pierre Benoit, en bonne place dans le poste de commandement du chef Montfaucon, que l'auteur du *Déjeuner de Sousceyrac* ne manque jamais de venir féliciter chaque fois qu'il prend un repas avenue George-V.

C'est Jules Romains, je crois, qui prétend que le bonheur ne s'éprouve violemment que dans une cuisine. Qu'il vienne serrer la main de l'illustre Montfaucon, dans sa cabane décorée de vingt et un diplômes et de onze médailles d'or, de cartes gastronomiques et de notes de service péremptoires : 104 lunchs assis, 350 sandwiches, etc. Il respirera de la félicité à pleins poumons.

UNE INNOVATION : LE REPAS-DISQUE !

— Il ne suffit pas de bien manger, me dit-on dans cet endroit où déjà je rêve de ballets de gâte-sauces, il faudrait pouvoir retenir ce que l'on dit à table. Que de promesses oubliées, que de renseignements perdus, que de mots d'esprit envolés ! On dîne et l'on se quitte après avoir échangé parfois les propos les plus denses. Pour remédier à cette frivolité, le George-V lancera en 1938 le repas-disque ! A la demande des clients, toutes les conversations seront enregistrées entre le hors-d'œuvre et le café. Une « mémoire » fonctionnera sous la table sans déranger personne, et lorsqu'on retirera « son vestiaire », on pourra emporter avec soi le procès-verbal du déjeuner ou du dîner auquel on assistait, et se constituer ainsi chez soi des bibliothèques de conversation qui seront utiles pour rappeler aux personnes importantes qu'elles ont promis de s'occuper de vous, aux femmes qu'elles vous aiment, et aux amis qu'ils mentent.

Une des joies du George-V, ce sont ces appartements, meublés ou vides, ornés de terrasses, clairs, parfumés de cinéma correct et dans lesquels se donne la forte satisfaction de « s'américaniser » un peu. Ces appartements, dont les fenêtres donnent sur ce qui fut soit le bal Mabille, soit le château des Fleurs, soit les jardins d'Idalie, sont malheureusement occupés, à de très rares exceptions près, par de richissimes Français — parfaitement — qui veulent bien payer un loyer annuel de 40 000 à 70 000 francs pour échapper au fisc, à condition de pouvoir se faire un peu de cuisine et d'avaler un yoghourt en cachette.

Le George-V leur a installé des cuisines électriques et des frigidaires ravissants qui semblent provenir de quelque joaillerie. Pour gagner cette colonie charmante, nous repassons par la lingerie, claire et appliquée, où l'odeur de la première communion se mêle à celle du drame d'amour. Nous longerons la réserve des bagages oubliés, et parfois laissés pour compte par les clients qui sont partis sans payer. Et l'on ne peut se faire justice soi-même, car les trésors de cette réserve, véritable dock, ne peuvent être fracturés avant trente ans... Dans la chaufferie qui bat lentement comme un cœur, je tâte le pouls de l'hôtel, et j'aperçois en passant, un peu plus loin, la mise en bouteilles du vin des courriers, que l'on soigne comme des princes, ou des policiers secrets, car les courriers ne sont autres que les domestiques personnels de la clientèle, c'est-à-dire qu'ils sont plus puissants que les puissants qu'ils servent, ces derniers seraient-ils les vrais Kapurthala...

Sur le seuil des appartements, nous sommes accueillis par la voix douce et prête à tout de la gouvernante. Un pur silence entoure la vie privée des grands oisifs de ce monde. Les ascenseurs s'élèvent sans tousser, sans se plaindre de varices... Des boîtes aux lettres sillonnent le trajet vertical. Des toilettes ravissantes et silencieuses courent entre les étages, très vite, comme en rêve. On n'a plus besoin de sortir. Toute la vie est là, sans la moindre bavure. On comprend cet Anglais qui, au retour d'un voyage en U.R.S.S., et comme on lui demandait ses impressions, se borna à coller, côte à côte, deux échantillons d'un papier très spécial provenant respectivement d'un Hôtel Rouge et du George-V, et sur lequel il écrivit ces deux seuls mots : Moscou, Paris...

AUX ALENTOURS
DE LA CONCORDE

De tous les hôtels, le Crillon est celui qui ressemble le moins à un hôtel. Je l'ai entendu traiter de ministère, de banque ou de musée. Et de fait, le plus en vue, le plus historique des hôtels est aussi le moins connu de l'œil du Français, et même du touriste moyen, qui cependant n'ignorent plus que la place Louis XV, au féminin Concorde, n'a pas d'égale dans le monde entier. C'est sans doute pour cette raison que le Crillon est devenu l'hôtel de l'incognito. On y est magnifiquement obscur. On m'a répété qu'un roi, s'y sentant enfin et parfaitement libre, disait à un de ses familiers, en contemplant le plus bourgeoisement du monde l'obélisque de Louqsor :

— Le jour où les faiseurs de potins apprendraient que je descends au Crillon, je n'aurais plus qu'à aller loger dans l'une des Pyramides !

Ce projet évoque le stratagème si minutieusement exposé par Poe dans *la Lettre Volée*...

Construit en 1758 par les soins de l'architecte Gabriel, sur l'ordre du roi Louis XV, qui tenait à compléter par un chef-d'œuvre la décoration de la place, l'hôtel de Crillon demeura cent cinquante ans résidence privée. En 1908, la famille de Polignac l'acheta pour le transformer en hôtel.

Ouvert au printemps de 1909, il offrit aux Parisiens une réalisation exceptionnellement brillante et qui méritait un coup de chapeau. Aussitôt, la critique officielle fut d'accord avec le monde pour apprécier les perfectionnements qui étaient apportés à l'ancienne demeure et la magnificence des salons créés sous Louis XV et conservés intacts. C'est sur ce plan que le Crillon peut être confondu avec un musée. Comment ne pas envier toutes ces cheminées de style, et ces admirables vestiges de l'époque que sont les plafonds sculptés des trois grands salons du premier étage : salon des Aigles, salon des Batailles, salon Louis XIV ?

Solidement lié à l'Histoire par toutes ses pierres et par tous ses parquets, le Crillon avait toutes les chances, sinon le devoir, d'accompagner la marche des événements historiques. Un heureux mélange de moderne et d'ancien allait en faire, dès son ouverture, la demeure d'élection des Cours Royales de l'Europe, qui ont droit aux hôtels comme le commun des Hommes, de la Diplomatie et de l'Aristocratie. On y rencontrait S.M. le sultan du Maroc, S.A.R. la princesse de Bade, le prince A. d'Oldenburg, la princesse de Battenberg, S.M. George V et S.A.R. le prince de Galles, qui occupèrent à tour de rôle les appartements du premier étage.

DE BRILLANTS ÉTATS DE SERVICE

Pendant la guerre, le Crillon porta successivement le nom de Grand Quartier Général de l'État-Major

anglais, puis de Quartier Général des officiers généraux du corps expéditionnaire américain au moment
de l'entrée en campagne des États-Unis. Le président
Wilson y habita tout le temps que durèrent les séances
mémorables qui aboutirent au Traité de Versailles et à
la Société des Nations. Tels sont les états de service
d'une maison qui, grâce au voisinage de l'Ambassade
des États-Unis, n'a jamais cessé d'être le quartier
général des diplomates du Nouveau Monde.

J'ai eu affaire un jour, dans un bar de la rue Boissy-
d'Anglas, à un journaliste allemand qui, je crois,
rêvait de se livrer à l'espionnage pour satisfaire à ses
goûts d'aventure. Sans rien avouer de précis, il ne
cachait pas qu'il cherchait à entrer dans le secret des
choses parisiennes, et avait un mot à lui pour exprimer
son désir. « Vivre les événements qui ne sont pas
relatés dans les journaux. » Chaque soir, il faisait
longuement à pied le tour de cet énorme pâté de
maisons que bordent la place de la Concorde, la rue
Royale, la rue du Faubourg-Saint-Honoré et la rue
Boissy-d'Anglas. Ayant émis, pour ma part, quelques
doutes sur l'efficacité de ce sport, il me répondit que
c'était à son avis dans ce quartier de Paris que gisaient
les plus belles énigmes...

Et, pour appuyer ce point de vue, il déclarait que la
présence, en un même point d'une capitale, de
l'Automobile-Club, de l'Ambassade des États-Unis,
de la Chambre des Députés, de bars célèbres, de la
National Surety Corporation, des « Ambassadeurs »,
du Ministère de la Marine, de l'ancien mur du
rempart des Tuileries, de couturiers, modistes, sel-
liers, de Maxim's, du vin de Porto et d'une nuée de
coiffeurs élégants, ne pouvait être due à l'effet du

hasard... C'était trop saisissant. Il y avait là, il l'affirmait, un centre d'attraction d'une singulière éloquence.

Son rêve était de s'installer au Crillon, de prendre d'assez mystérieux repas dans la Salle de Marbre, et d'entrer peu à peu dans l'intimité de la clientèle de cet établissement, qu'il considérait comme un des rouages du mécanisme de l'Europe civilisée. Plusieurs soirs de suite, je le surpris méditant devant les soubassements percés d'arcades de l'hôtel, examinant de son œil inquiet et jaunâtre l'entablement des colonnades que surmontent des terrasses à l'italienne. Mais il ne se résignait pas à entrer : M. Godon, le très sympathique directeur du Crillon, qui l'eût d'ailleurs reçu en gentilhomme, ne l'a pas encore aperçu...

UNE TÊTE A FAIRE DES TROUS
DANS LES PORTES

Surpris par la timidité dans l'action de celui qui se montrait si lyrique dans ses propos, je l'entraînai un soir dans un tabac voisin, et je constatai, au moment de l'interroger, qu'il avait une tête à faire des trous dans les portes, une prunelle habituée à se coller aux serrures, et un pantalon luisant et fripé qui prouvait assez que l'homme passait une partie de sa vie à genoux... Il ne tarda pas à avouer qu'il avait derrière lui une longue carrière de « voyeur », et exhiba bientôt un petit attirail d'instruments où dominait la vrille...

Nous bûmes chacun deux doigts d'Anjou, assez gênés l'un et l'autre, mon interlocuteur s'étant aperçu qu'il n'appartenait pas à mon genre de relations. Il me tendit pourtant une main molle où se devinaient des préoccupations monétaires assurément très graves, autant qu'un tourment d'aventurier raté. Puis, je le vis s'éloigner dans la rue Boissy-d'Anglas d'un pas de noctambule aigri. A quelque temps de là, je devais apprendre qu'il s'était tué en Pologne dans un petit bouiboui tenu par un marchand de soupe.

Il y a en effet, dans tous les grands hôtels, des clients, et non des moindres, qui font des trous dans les portes. L'expérience prouve que cette clientèle est composée en grande partie de maniaques, quelquefois de faux médecins, experts dans l'art de tirebouchonner les lambris, cloisons, etc., et qui jugent, au spectacle, s'ils ont des chances de se faire inviter. A quoi ils parviennent souvent. Il s'agit, pour le directeur de l'hôtel, de gêner les « voyageurs », sans toutefois les prendre sur le fait. Tâche délicate, et qui doit amplement renseigner l'hôtelier sur la mauvaise qualité de l'article appelé l'Homme... Il s'en console pourtant en songeant que le charme et le danger de son métier consistent justement à recevoir des rois authentiques et des régicides éventuels, des civilisés et des barbares...

Mais la crise et le gel des monnaies, qui interdit à toutes sortes d'Allemands, d'Argentins, de Siciliens et de Brésiliens de se déplacer facilement, ont en quelque sorte « sélectionné » les hôtels. S'il y a moins d'étalage et moins de luxe un peu partout, il y a aussi moins d'aventuriers et moins de voyageurs douteux. « Nous sommes entre nous », me disait un garçon d'étage fort stylé, bachelier à l'en croire. Un garçon qui s'était rendu indispensable parce qu'il était au courant du maniement complet de la carte de visite en France, et, sur ce point comme sur d'autres, il était très supérieur aux jeunes gens que l'école hôtelière jette sur le marché par promotions, comme Polytechnique ou Normale.

POUR DEVENIR ROI DES PALACES

Mais il en est de l'hôtel comme de la politique et de l'art : ce ne sont pas les mieux diplômés qui arrivent aux sommets. C'est une chose que d'apprendre tous les services d'une maison : éplucher les pommes de terre, répondre en anglais, découper un canard, réparer un appareil pneumatique de transmission, faire le rapport journalier, retenir un client, etc. C'en est une autre de plaire, d'établir le crédit d'une maison. Plus d'un élève de l'école hôtelière a fini secrétaire de quelque bookmaker sur un champ de courses de province. Plus d'un marchand de bouillon s'est révélé à temps commerçant, industriel et diplomate, pour devenir roi des palaces.

Sur ce point, le Crillon est favorisé : il a à sa tête, en la personne de M. Godon, un des plus jeunes directeurs de France, un chef digne de son cadre, quelque chose comme un maître du protocole privé, qui fait autant, sinon plus, pour le renom de notre pays et l'agrément des hôtes précieux, utiles, décoratifs ou simplement dépensiers que nous recevons, autant et plus que le protocole officiel. On sait comment, il y a quelques années, la France s'enthousiasma pour l'Italie. Tout ce qui était italien provoqua du jour au lendemain l'admiration : spaghetti, tranches et romances napolitaines, peintures et cartes postales, fascisme, solfatares, saucisson de Milan, etc. Or, le Français eut beau se mettre l'esprit à la torture, il n'arriva pas à assumer, à charmer l'Italien...

Assommés de discours, de réceptions, de représentations, savez-vous à qui les Italiens demandèrent conseil pour passer agréablement leur séjour chez nous ? Aux hôteliers. Et ils s'en trouvèrent bien. Quel est donc cet humoriste qui disait : « La France est un grand hôtel... » ?

Oui, mais nous n'avons pas toujours de directeurs...

AUX CHAMPS-ÉLYSÉES

Deux hôtels tiennent la tête du peloton qui monte à l'assaut de l'Arc de Triomphe : l'Astoria et le Majestic. Astoria est et restera célèbre pour avoir hébergé, tout de suite après la guerre, cette fameuse Commission des Réparations qui devait finalement être endormie treize ans après l'armistice par le président Hoover. Astoria est spécialisé dans le maharadjah : ceux d'Indore, de Kashmir, et celui de Patiala, un des hommes les plus riches du monde, y sont en ce moment. Quand un maharadjah descend dans un hôtel, il y occupe généralement tout un étage, de façon à pouvoir y donner des fêtes sans être gêné. L'établissement qui traite un tel client peut compter sur une recette de 50 à 60 000 francs par jour, ce qui permet au sommelier de faire des bénéfices considérables durant ce merveilleux séjour, et de rêver aux éléphants blancs par-dessus le marché.

Le maharadjah n'est pourtant pas seul à réquisitionner tout le personnel d'une maison. Pour sa part, l'ex-roi d'Espagne ne se privait pas de faire le grand seigneur partout où il passait la nuit, et il constatait que l'on se baissait jusqu'à terre en sa présence. Seul, un directeur d'hôtel républicain lui dit un jour, après sa destitution :

— Au revoir, monsieur le Roi !

— Eh bien ! au revoir, Monsieur, répondit Alphonse XIII, avec beaucoup de complaisance.

Cette bonne grâce, on l'aurait vainement attendue d'un autre client qui devait, paraît-il, venir s'installer à l'Astoria en vainqueur, en août 1914, et qui n'était autre que le Kaiser. Or, le Kaiser ne vint pas, et ne viendra plus, selon toute vraisemblance.

Fermé au début de la guerre, Astoria ne tarda pas à ouvrir toutes grandes ses portes aux blessés. A cette époque, l'hôtel était encore surmonté de tourelles, aussi célèbres à Paris que le zouave du pont de l'Alma ou la Bourse aux timbres des Champs-Élysées. Ces tourelles furent malheureusement rasées peu après la signature du traité de paix. Pareil à un oiseau blessé, Astoria ferma ses portes pour la deuxième fois et ne les rouvrit qu'en 1927, aux milliardaires américains, à la vieille noblesse du boulevard Saint-Germain, aux commerçants d'Égypte et aux princes hindous. La fumée des cigarettes orientales et le scintillement des pierreries feraient reconnaître l'Astoria au profane qui ne saurait rien de la maison que par ouï-dire.

LA JOLIE CHINOISE ET L'ANCIEN MINISTRE

Maison respectable, qui bénéficie encore du haut patronage de l'Arc de Triomphe. Les hurluberlus ne s'y risquent pas. Quelque chose leur dit, au dernier moment, d'aller se livrer ailleurs à leurs fantaisies. Ce n'est certes pas à l'Astoria que serait descendue cette jolie Chinoise qui est actuellement à Paris et ne peut se retenir ni de gifler au moins trois fois par semaine quelque garçon d'étage, ni de jeter brusquement et sans raison apparente son mobilier par la fenêtre. Qui sait si, dans le quartier de l'Étoile, de pareilles excentricités ne donneraient pas lieu à de très désagréables incidents diplomatiques? Un meuble de fabrication germanique lancé par des mains orientales sur la tête d'un ancien combattant qui viendrait de ranimer la flamme... On ne sait pas où cela finit.

L'hôtel est déjà suffisamment chargé de drames d'amour, de fiançailles rompues et de congrès inutiles pour s'occuper de conflits. Tout l'art des directeurs est d'évoluer dans la souplesse, mais d'être fermes aussi quand il le faut. Je n'en veux pour preuve que la mésaventure qui vient d'arriver à un de nos anciens ministre des Finances. Comme il y en a eu beaucoup, on ne le reconnaîtra pas. Celui-ci se trouvait donc dans un de nos plus célèbres hôtels et déjeunait avec une dame, ma foi, plus que très désirable, si désirable qu'il ne songea pas plus longtemps à dissimuler ses sentiments et appela le garçon, puis le gérant, puis le directeur, pour leur demander une chambre. Une chambre pour la journée, tout comme rue de Bucarest! Ne pouvant obtenir satisfaction, il finit par se nommer avec quelque suffisance.

— Dois-je vous dire, Monsieur, lui répondit le directeur, parfait gentleman, que pas un de nous ne s'est trompé un seul instant sur votre personnalité. Mais tout ce que nous pouvons pour elle est de lui faire donner des adresses, que nous ne saurions, d'ailleurs, garantir...

Cette histoire donne beaucoup de prix à ces conseils que donnait un jour un chef de réception à une vieille dame affectée d'un ravissant « gigolo », et qui désirait connaître les « limites » de sa liberté :

— Avant de faire quoi que ce soit, Madame, pensez à vos voisins, aux autres personnes qui vivent dans cet hôtel. Ne vous occupez pas de nous, directeurs, employés, etc, etc. Ni de vous-même. Pensez aux autres...

A côté des impertinents, des égoïstes ou des tyrans, il y a les gourdes, qui ne savent pas se servir des robinets, qui n'osent ni redemander un peu de poulet, ni écrire sur le papier à lettres de la maison, ni se lever plus tard que midi de peur de déplaire à la femme de chambre. Clientèle généralement aimée du personnel, a tout le moins préférée à l'autre, celle des filous, qui ne pensent qu'à emporter des verres à dents et à quitter l'hôtel sans donner de pourboires...

ENTRE LA MADELEINE
ET L'OPÉRA

Je lis sur un petit prospectus orné d'une image, comme on n'en trouve plus que dans les livres jaunis par le temps, ce texte qui me fait rêver : « Grand Hôtel, Paris, 12, boulevard des Capucines. Déjeuners servis à des tables particulières ; vin, café et liqueurs compris, 4 francs. Table d'hôte la mieux servie de Paris, vin compris, 6 francs. 700 chambres, depuis 4 francs par jour ; logement, éclairage, chauffage, nourriture et vin compris. Trois ascenseurs desservent les étages depuis six heures du matin jusqu'à une heure après minuit. » C'était évidemment le bon temps.

L'édification du Grand Hôtel, ancêtre des palaces contemporains, fut pour les Parisiens du XIXe siècle un événement comparable à ce que peuvent être pour nous un voyage dans la stratosphère, le lancement du *Normandie* ou le mystère de la télévision. Le « style publicité » n'ayant pas encore été inventé, les journalistes présentèrent l'établissement en termes très nobles à leurs lecteurs. Les chambres du Grand Hôtel, disait-on, offrent au voyageur un confort qui dépasse l'entendement des hommes. Nous trouvons là des bains, des tuyaux acoustiques, une grande variété de sonnettes, des monte-charge où s'élèvent les plats des cuisines vers les jolies dîneuses, un télégraphe « proprement électrique » et, suprême raffinement du génie français, un photographe de nuit, (sorte de rat d'hôtel), muni de plaques toujours prêtes et qui apparaît au premier appel.

Le Grand Hôtel fit sensation. Les représentants les plus avertis du dandysme du Second Empire zozotaient dans les salons : « Avez-vous visité la cour du Grand Hôtel de la Paix (ce fut son premier nom), avez-vous eu l'occasion de souper dans la salle à manger en rotonde ? » Ainsi parle-t-on aujourd'hui d'une croisière en zeppelin ou d'un mariage en costume de scaphandrier. Chaque époque a ses ahurissements. De plus, le Grand Hôtel bénéficiait de l'atmosphère du boulevard, laquelle n'a de prix et de parfum que pour ceux qui l'on connue. Quartier béni des dieux de l'Ile-de-France et qui a toujours attiré le meilleur des Parisiens. La solitude n'y existe pas, ni l'ennui. Transformé comme il l'est aujourd'hui, il demeure le Boulevard, et sera sûr de lui jusqu'à la fin du monde.

DANS L'ENCHANTEMENT DES BOULEVARDS

Le Grand Hôtel n'est plus ce qu'il était autrefois. Digne et somptueux à la façon d'un musée, il n'attire plus que les fils ou les cousins de ceux qui s'y trouvaient jadis aussi bien qu'à la Cour, et de tant d'autres qui, pendant toute l'enfance de la République, y contemplèrent l'académie de l'élégance et de la modernité. Aujourd'hui encore, de très lointains étrangers y affluent, touchés par le bruissement de Paris comme le sont les astronomes par les lumières des étoiles mortes... Je lis souvent que l'on cherche des endroits pour reconstituer certaines fêtes. Pourquoi ne pas essayer le cadre de ce Grand Hôtel, aussi riche d'histoire contemporaine que n'importe quel ministère ?

Un autre hôtel allait bientôt s'élever dans l'ombre de l'ancêtre, et jouir à sa manière de l'enchantement du Boulevard qui évoque la haute noce de la fin du XIXe siècle, les dîners du Café Anglais, les diamants de Cora Pearl, Rose Pompon, Blanche d'Antigny, Hortense Schneider et son Khédive, Rochefort, Arthur Meyer, Zambelli, et cet étonnant Nadar,

photographe et savant, le Michel Ardan de Jules
Verne, qu'il faut tenir pour l'inventeur de la Publicité.
Un autre hôtel allait peu à peu absorber l'élite des
voyageurs distingués pour lesquels Paris équivaut à
quelque diplôme académique : l'hôtel Scribe, aujour-
d'hui propriété de la Canadian National Railway,
n'occupait, avant 1900, que le deuxième étage de
l'immeuble dont il s'est peu à peu emparé. A quelque
temps de là, il devait avoir, au premier, le voisin le
plus important que l'on pût souhaiter. Voisinage
nombreux, unique au monde, et dont les arrêts ont
force de loi, du moins dans l'univers de ceux qui
vivent pour le monde, le sport, le costume et le jeu : le
Jockey Club. En août 1926, peu après la défaite du
fameux Biribi au Grand Prix de Paris, et trois ans
après le départ du Jockey Club, qui laissait dans tout
le carrefour un sillage d'élégance, de distinction
aimable et de facilités, le Scribe, tout en conservant
une façade classée parmi les architectures, naissait
enfin, avec ses deux entrées si utiles, au coin de la rue
qui porte son nom, ou plutôt d'où il tire le sien, et du
Boulevard.

LES ACHETEURS DE MODÈLES

Alors que, dans certains hôtels, les hommes politiques vivent et ne mangent pas, au Scribe les hommes
politiques mangent, mais ils n'y vivent pas. Sans
doute semble-t-il délicat de faire sur ce plan concurrence à M. Herriot, qui avait choisi de descendre
quelques pas plus loin quand il venait à Paris. Entouré
de banques, de bureaux, de compagnies de naviga-

tion, de magasins parfaitement parisiens, le Scribe est avant tout l'hôtel d'un certain nombre d'hommes d'affaires pour qui l'économie du taxi, le sauvetage d'une épingle, l'arrivée à pied bien visible au rendez-vous décisif, sont des moyens d'arriver vite et haut, à l'américaine, et fournit l'occasion de sourire à ce que les provinciaux appelleront toujours le trottin. Jacques Richepin et Cora Laparcerie, Jean Périer et Yves Mirande ont fait du Scribe leur demeure, mais le fond de la clientèle remuante, qui ne regarde pas à la dépense et qui sait mettre à profit toutes les possibilités de l'hôtel, est constitué par l'acheteur de robes.

Dans la vie contemporaine, où la vedette appartient aux hommes de sport, aux dictateurs, aux danseurs photogéniques, les acheteurs de modèles parisiens, encore qu'ils préfèrent l'incognito, occupent une place à la fois importante et discrète et sont généralement inamovibles. Trois fois par an, à l'époque des achats, ou des saisons, ils arrivent de New York, de Rio ou de Rome, assistent aux défilés de mannequins, et repartent avec la mode en valises au bout de deux semaines. Certains se font même présenter les collections dans leurs appartements et décident sur place, en mâchonnant un cigare, du genre de toilettes qu'ils imposeront aux élégantes de leur pays.

Le directeur du Scribe, M. Albert, un des plus jeunes maîtres de la corporation et qui est déjà vice-président de l'Association des directeurs d'hôtels français, est un de ces hommes capables de tout faire sur-le-champ eux-mêmes, de la mécanique, de la cuisine, de la réparation d'ascenseurs, de la réception improvisée. Fier de son établissement, il l'est aussi de ses deux collaborateurs principaux, qui sont « du début », pour employer un langage approprié : le barman Pierre, devant qui l'on soupe après avoir signé des contrats, et le chef Gourbaut, qui a reçu poignées de mains, félicitations, compliments des plus grands dégustateurs et des premiers gourmets du Vieux Continent.

LES VACANCES D'UN ORIGINAL

Hôtel à la fois classique, gai et spécialisé dans le client qui fait des affaires vraies, le Scribe n'est pas un hôtel d'aventures. Maison sérieuse, d'un « parisianisme qui ne dépasse pas les limites », disait un ambassadeur, il a été choisi comme pied-à-terre par von Wiegand, le représentant chez nous de la presse Hearst, ce qui n'est pas peu dire, et par Lady Drummond-Hay, la première femme qui se soit risquée à faire le tour du monde en avion. C'est ici que se réfugie également le cinéma, quand il est sérieux, et même grave : le souper-film de *la Robe Rouge*, de Brieux, a eu lieu au Scribe, ainsi que le déjeuner qui fut présidé par sir Robert Cahill, conseiller à l'Ambassade d'Angleterre, en l'honneur du Jubilé. Derniers prolongements du côté respectueux et traditionnel de l'esprit du Boulevard, qui estimait les valeurs.

Chaque hôtel parisien a des signes particuliers qui précisent et achèvent son signalement. Dans un autre arrondissement, un hôtel était célèbre par ses suicides : il y en eut trois en quinze jours, un premier dans une baignoire, un autre par le poison, un troisième par le revolver, et si rapprochés, si imprévus que le chef de réception n'osait plus monter dans une chambre où le téléphone ne répondait pas...

Tel autre est sournoisement guetté par le fisc, l'escroc, l'Intelligence Service et le tapeur professionnel, parce que son chasseur se fait cinq cent mille francs de revenus par an. Rien de pareil au Scribe, qui a la coquetterie de ne se distinguer que par son bar, un des plus commodes de Paris, et par ses bains mousseux gazo-iodés, dont les résultats ont été reconnus par l'Université de Berlin supérieurs à ceux des sources minérales naturelles du monde entier, jaillissantes, chaudes ou froides...

Pour toutes ces raisons, un de mes amis, qui est à la fois partisan de la vie d'hôtel, obèse, rhumatisant, homme d'affaires, buveur, bourgeois, Parisien de boulevard, sensible aux souvenirs et affamé de progrès, a choisi une fois pour toutes le Scribe pour y passer ses vacances. Un jour qu'il rêvait tout haut dans la rue après avoir goûté à une collection de cocktails, il parla d'emporter avec lui, en voyage et dans un fourgon, tous les avantages de la maison. Impassible, le veilleur de nuit fit celui qui ne désapprouvait pas, mais qui n'encourageait rien, et remit très solennellement sa clef au fantaisiste. Comme aurait pu dire La Rochefoucauld : « Le véritable employé d'hôtel est celui qui ne se pique de rien. »

BOULEVARD SAINT-GERMAIN

J'habite moi aussi l'hôtel, tout comme un maharadjah, un soyeux lyonnais ou un diplomate, et mon hôtel s'appelle Palace : il fait le coin du boulevard Saint-Germain et de la rue du Four, un des endroits de Paris les plus chargés de sens et de culture. J'ai pour voisins immédiats l'Encyclopédie française de Monzie, de Febvre et d'Abraham, et quelques tramways qui font du footing tous les jours en agitant leur sonnette. Devant la porte, la station du métro Mabillon me fait constamment la blague d'être un jardin. Je sors, et, tout de suite, les cafés succèdent aux librairies et les librairies aux cafés. A gauche, Saint-Germain-des-Prés dresse sa tour de froc et d'épée, son armure grise et sentimentale, si parfaitement reposante, dans un ciel clair. Vers la droite, le boulevard file vers les Universités. C'est un des plus beaux décors que j'aie connus dans mes voyages.

Fondé en 1926, le Palace-Hôtel est ouvert à une clientèle qui choisit le quartier Saint-Germain-des-Prés pour des raisons précises, et ne saurait descendre ailleurs : bourgeois cossus dont la vie est à cheval sur le sixième arrondissement et quelque ville de province ou de l'étranger, intellectuels avides de ce calme très particulier qui naît du voisinage des maisons d'édition, des facultés et des cafés littéraires, médecins du Berry, de Bourgogne ou de Hollande appelés à Paris par un congrès, ou par un grand malade universitaire qui n'entend pas changer ses habitudes, étudiants de tous les points du globe attachés à leurs cours, officiers en permission, femmes d'une élégance érudite. Des écrivains aussi ont une prédilection quasi instinctive pour ce quartier, où le métier d'écrire bénéficie d'une infinité de commodités invisibles.

J'ai rencontré là Brecht, l'auteur de *l'Opéra de Quat'sous,* le poète Mélot du Dy, Waldo Frank et bien d'autres. Lors du récent Congrès pour la défense de la Culture, c'est par groupes compacts ou par pays que les conférenciers, rapporteurs et militants, rentraient au Palace après les séances de la Mutualité : Tolstoï, Boris Pasternak, auteur de vers d'amour comme il ne s'en fait plus guère, Luppol, Ivanov, Tikhonov, Mme Karavaev, Gold, Carrangue de Rios, qu'accompagnaient dans la nuit, en refaisant le monde, Gide, Malraux, Aragon, Chamson, Bloch...

LE FRANÇAIS, BON CLIENT

Entre un grand établissement de la rue de Rivoli ou des Champs-Élysées et un hôtel comme le mien, il n'y a aucune différence de nature : le même principe de cérémonial préside aux allées et venues, repas, habitudes des clients. Il se peut même que j'aperçoive mieux chez moi toutes les facettes et les nuances, toutes les combinaisons et les chimies de la vie d'hôtel : c'est comme si je la regardais dans un microscope.

C'est également au Palace que je me suis peu à peu initié au vocabulaire particulier de cette branche de l'Industrie, et que j'ai pu enfin faire une différence entre le client français et le client étranger. Contrairement à ce que l'on pense, le client français est de loin préférable au client étranger, bien qu'il voyage peu et soit moins adapté à la vie d'hôtel que les Anglais, par exemple, pour qui l'hôtel est une deuxième famille. Une des causes de la crise hôtelière provient de l'erreur dans laquelle on maintient toute une classe de voyageurs étrangers, en leur racontant que les prix pratiqués en France sont ridiculement bas. Ils prennent un paquebot ou un rapide, descendent quelque part, examinent l'addition, s'étonnent d'avoir été trompés, et repartent mécontents. Pourquoi notre propagande, si elle existe, est-elle mensongère[1] ?

Le Palace n'a pas toujours été un hôtel. L'immeuble, construit naguère par des Américains, avait été racheté par le cardinal Ferrari, qui devait en faire une pension d'étudiants catholiques. Trois chambres du premier étage avaient déjà été transformées en chapelle. Mais l'institution manqua le départ avant de fonctionner. Aujourd'hui, la maison semble avoir été conçue pour le travail intellectuel. Est-ce la présence proche de la Maison du Livre ? On m'apprendrait un soir que toutes les chambres du Palace viennent d'être retenues par un détachement de bibliophiles que je n'en serais pas autrement étonné. Quand j'aperçois, la nuit, une fenêtre éclairée très haut quelque part, dans un des nombreux hôtels qui assaisonnent le quartier, j'imagine des étudiants paresseux, des bohèmes attardés sur *Paris-Sport* ou la *Revue de Monte-Carlo*. Chez moi, la lueur nocturne, chasuble adorante et immobile, me fait songer à un front studieux, au *Philosophe en méditation* de Rembrandt, à des hommes qui pensent, écrivent ou lisent sérieusement, et non pas pour se débarrasser de quelque concours.

---

1. Ce chapitre a été écrit en 1935...

LES DISCRETS PRIVILÈGES
DE LA VIE D'HÔTEL

L'hôtel où l'on habite et dans lequel on apporte sa vie totale, oubliant instantanément meubles et concierge, devient assez vite le centre non pas seulement de l'arrondissement où il se trouve, mais de toute la ville. Les appartements n'ont pas ce talent : ils sont toujours, quel que soit leur confort, quelle que soit leur personnalité, d'un quartier déterminé. L'hôtel asservit les alentours et domine : c'est un Kremlin.

Ainsi le mien. J'y apprécie si vivement l'atmosphère d'un poste de commandement que j'irais volontiers jusqu'à prétendre que le téléphone y fonctionne aussi bien que chez les particuliers... Il semble que l'hôtel soit une centrale de vie créée pour vous mettre en contact avec la vie. Qui s'installe à l'hôtel voit immédiatement se retirer, comme une marée, toute la mer de problèmes que pose l'existence bourgeoise dans un appartement.

L'éclairage, la chaleur, le blanchissage, la teinturière, le « pressing », les contributions, les étrennes de la concierge, l'homme du gaz : tous ces fantômes qui errent autour de votre·silhouette de locataire disparaissent. L'électricité n'est plus une partie du confort que l'on soit obligé de s'assurer moyennant signatures d'abonnement et paiements de quittances ; l'électricité y est donnée subitement, comme la pluie ou la chute des feuilles. C'est un bienfait des dieux. Cette supériorité que nous avons ainsi sur les autres mortels nous lie, nous autres citoyens de la république des hôtels, par une sorte de franc-maçonnerie.

Mon amie Mme Langlois, la veuve du savant, que je rencontre dans le hall, disposé en patio, du Palace, le comte de Kerveguen, qui habitent la maison depuis des années ; tel étudiant cubain ; un oculiste de province venu dans le sixième arrondissement pour augmenter sa connaissance de l'œil ; le portier, le patron, la cousine du 64, le sommelier ; Lahoutie, de la délégation soviétique, sont pour moi plus que des voisins : des collègues. Ne sommes-nous pas tous affiliés à une société secrète qui s'est donné pour mission de résoudre un certain nombre d'énigmes : le petit déjeuner, le trousseau de clefs, le cirage, le quart Vichy, l'heure...

Étendu sur le lit de ma chambre, assuré de la présence confuse d'une foule d'établissements, le magasin de pipes, les chaussures, la Maison de l'Agriculture, les librairies, les avocats, l'Institut historique des Sciences Techniques ; plus loin, les cafés, qui font de la place Saint-Germain-des-Prés une des antichambres du Parlement, de l'Université, de l'Institut, je puis changer tout cela en appuyant sur le bouton de ma sonnette, et devenir, sans transitions compliquées, voyage, traversée. L'hôtel est un instrument de décision.

LA FLOTTE DES HÔTELS PARISIENS
ET SES CAPITAINES

Le soir, quand je rentre au Palace, porteur de revues, de journaux, de toute une cueillette d'idées dans le Paris littéraire, je trouve M. X..., le directeur, et sa femme, qui pilotent leur maison dans la nuit. Les glissades de l'ascenseur, le rythme des lumières, qui indiquent la respiration de l'immeuble, la pénétration du téléphone, qui amène goutte à goutte des voix lointaines, me font songer aux quinze cents hôtels ancrés dans Paris. Le Palace, ses directeurs et moi, à cette heure de nuit où il faut veiller, prévoir, compter, faisons tous trois partie de cette flotte. Tandis que nous bavardons à l'avant de notre bateau blanc, qui croise dans les eaux du carrefour Buci, des clients rentrent un à un, saluent, prennent leur clef, esquissent la journée du lendemain, ou donnent quelques indications sur l'emploi de leur soirée : celui-ci vient de perdre au poker tout ce qu'il possédait : on lui avance quelques billets, car tout bon directeur est un peu banquier. Celui-là, qui ne connaissait pas Chopin, car il est frais émoulu du Turkestan, vient d'ouïr « un pianiste hongrois que *le Figaro* vante », comme disait Laurent Tailhade. Cet autre trouve un télégramme dans son casier ; quelques mots qui l'obligeront à faire ses valises et à quitter dès la première heure ce port de Saint-Germain-des-Prés où se mélangent les foules intellectuelles et les foules artisanes, ceux qui vont à l'Université et ceux qui vont au marché, les barques isolées, les pêcheurs en eau trouble, les vieux coucous de la flotte hôtelière où l'on sert les clients « avec une seringue », comme on dit dans le métier ; les sardiniers, les goélettes, les sous-marins...

En rentrant dans ma chambre, j'ai l'impression de me glisser dans une cabine. Je cours au hublot. Palace-Hôtel file ses vingt nœuds dans la nuit du sixième. Demain matin, nous retrouverons Paris, sa lumière au doux plumage, ses chagrins couvés, ses quinze cents hôtels...

Fantômes

Me voici au terme de mon voyage sentimental et pittoresque dans un Paris qui n'est plus, dans un Paris dont les prolongements ne nous parviennent déjà plus que sous forme de souvenirs chaque jour plus pâles, ou de nouvelles déchirantes : la mort d'un ami très cher, la fin d'une famille naguère encore brillante, la démolition de quelque maison qui fut jadis choisie pour y tenir assemblée de bon ton.

On ne saurait nier que la rue de la Paix, le Café de Paris, l'hippodrome de Longchamp, les hôtels de la rue de Varenne, les ambassades, les cercles de la rue du Faubourg-Saint-Honoré aient été, pendant plus de trente ans, les courbes d'un point de mire comme il n'en existera plus. Il me souvient d'avoir écrit, il y a quelque deux ans, un article en l'honneur de Paris, où je disais en substance que les avions ennemis, en cas de guerre, seraient à coup sûr frappés par le murmure d'histoire, d'élégance et d'amour qui se dégage de Paris, et qu'une présence providentielle, qu'une sorte de charme irrésistible leur commanderait de rebrousser chemin afin de laisser intacte sur le relief du monde une plante d'enchantements et de délices qui ne reprendrait pas de sitôt racine.

Quelques jours après la publication de ce texte, je reçus une invitation signée d'un comte jadis célèbre et dont la famille avait donné des ministres aux rois de France, des évêques au clergé et des amiraux à notre marine nationale. Bref, un insigne personnage et qui me priait en termes excellents de bien vouloir me rendre chez lui pour parler du passé, des Parisiens que nous avions connus, des femmes pour lesquelles nos cœurs avaient bondi du temps qu'ils avaient des ressorts...

Le comte de F... habitait un minuscule hôtel du dix-septième arrondissement, que l'après-guerre avait orné d'une triperie et d'un bazar-marchand de couleurs dont s'honoraient les deux maisons voisines. Il en eût pleuré de chagrin tous les jours.

— Nous faire cela à nous, Monsieur, s'écria-t-il après m'avoir introduit dans un salon où je reconnus du premier coup l'odeur si particulière des années d'avant-guerre, et ce je ne sais quoi de nonchalant qui traînait sur les meubles. Songez, continua-t-il, que, du temps de ce Montesquiou qui devait mourir lieutenant de la Légion en septembre 1915; de Boni de Castellane, qui fut notre dernier prince à ces étages de bon ton et de grand air où personne n'accède plus; au temps de Fanny Read, qui veilla sur les derniers murmures de Barbey d'Aurevilly; au temps de Mme Nerissaie de Lalande, qui avait son petit théâtre privé, de Francis Magnard, de Lesseps, de la comtesse de

Sireuille, de Mlle de Crémont, de tous ceux qui surent maintenir Paris dans un magnifique costume d'apparat et de gentillesse, de telles abominations n'eussent point été permises ! Me voici contraint de déménager, de quitter cet hôtel où j'ai traité en ami Guy de Maupassant, un Parisien un peu rude, celui-là, et qui avait pris la manie d'oublier chez moi ses maîtresses.

— Maupassant ?

— Oui, oui, cela dura six mois. Ah ! mais, ce qu'il en avait ! Il y eut une période où il en changeait chaque semaine. Il ne les reconnaissait plus. J'avais l'habitude de recevoir ici quelques amis le vendredi après-midi, et souvent ces messieurs restaient pour le dîner. Maupassant, qui professait qu'on ne se débarrasse bien d'une maîtresse qu'en la repassant à quelque ami dans le besoin, entrait ici accompagné d'une charmante femme et ressortait aussitôt, après lui avoir dit qu'il reviendrait la chercher dans une petite demi-heure. Naturellement, il s'excusait de ce sans-gêne et, naturellement aussi, il ne reparaissait plus. Entrait alors un de mes amis qui se chargeait, au bout de la soirée, de reconduire chez elle la jeune personne abandonnée dont il finissait par s'éprendre. La dernière de ces dames vient de mourir marquise dans une station thermale. Elle était d'un âge plus que solennel.

Ce charmant comte avait déjà oublié la raison de son emportement et me faisait les honneurs d'une ravissante cave à liqueurs qu'il tenait, me dit-il, d'un grand-duc. Quand je dis ravissante, c'est par égard pour l'époque. Elle était en réalité du plus pur modern-style et rappelait cette décoration en langouste, liseron et rubans entrelacés qui fit le bonheur des cabinets particuliers de l'année 1900. Comme il me servait à boire dans un petit verre de cristal dont il n'omit point de me vanter l'origine, je remarquai le bas de son pantalon, le haut de son faux col, les bords de sa cravate et l'extrémité de ses chaussures. L'ensemble avait dû être de forte et splendide élégance, il y a quelque vingt ans, je n'exagère pas, mais aujourd'hui le personnage semblait vêtu de haillons distingués, de hardes de roi. Assez fin pour s'apercevoir qu'il était observé et deviné, le comte de F... releva fièrement la tête et me dit :

— J'ai soixante-dix-neuf ans, jeune homme, permettez-moi de vous appeler ainsi, mais je suis loin d'avoir pour vivre soixante-dix-neuf francs par jour. Si je vous disais de quoi je dispose pour boucler mon budget, je crois que vous sauteriez au plafond. Il est nécessaire que j'applique, dans ce Paris d'après-guerre, si peu accueillant, les principes du cousin Pons, si je veux subsister et vaincre les assauts de la mort. J'ai un petit calendrier où sont inscrits les noms de tous les parents que j'ai ici. Tous m'ouvrent leur porte une fois le mois, et c'est ainsi que j'arrive à tenir sur mes vieilles jambes. Mais je n'ai pas voulu me défaire de mes trophées. Suivez-moi.

Le comte de F... m'emmena dans une chambrette obscure qui contenait la plus abracadabrante collection de chapeaux hauts de forme, de fracs, de gilets, de bottines et de jaquettes que j'aie jamais aperçue de ma vie.

— Je n'ai rien jeté, murmurait-il, rien cédé aux marchands. J'ai conservé dans cet obscur musée tous les vestiges de ma jeunesse cavalière et tourmentée. Voici l'habit que j'endossai lors de la visite des souverains russes à Paris; voici mes gilets dits des Ballets russes. Ah! ce Diaghilev! cette Rubinstein! Quand je pense que c'est à nous, pauvres hommes du monde sans le sou, que les Parisiens des couches moins pures, les esthètes sans linge et les politiciens en prurit de snobisme doivent ces années de féerie et de haute mondanité! Oui, Monsieur, c'est à nous.

Nous reprîmes en camarades le chemin du petit salon Soudain, je vis le comte nerveux, agité, impatient. Avant même de me donner le temps de m'excuser, il s'avança:

— Écoutez, me dit-il, nous sommes aujourd'hui mardi; il est sept heures et demie, je suis attendu à dîner chez le baron Herbert de T..., un Anglais aussi caractéristique et grimaçant que dut être le célèbre Blowitz, jadis correspondant du *Times* à Paris. Mais c'est un charmant homme, qui veut bien me considérer comme son cousin et me recevoir à dîner le mardi. Accompagnez-moi jusque chez lui, il sera ravi de vous connaître et vous retiendra.

J'allais risquer une phrase polie pour me dérober, mais la curiosité de voir l'ami du comte de F... fut la plus forte. D'ailleurs, celui-ci avait déjà disparu. Il revint bientôt, quasi costumé et pareil aux imitations que Marx Dearly ou Robert Darthez font des Parisiens de l'époque:

> *Cœur de tzigane est un volcan brûlant...*
> *C'est un vrai cœur d'amant...*

Même il avait glissé dans une boutonnière géante un fragment de gardénia venu je ne sais d'où, et nous quittâmes le petit hôtel. Lorsque nous fûmes dehors, j'appelai un taxi, et mon hôte me dit, d'une voix reconnaissante et caverneuse :

— Mon ami habite rue Rossini. J'y vais toujours à pied, mais puisque vous avez eu l'extrême bonté de héler une voiture de place, nous y serons plus tôt que de coutume.

En route, de sa main joliment gantée, le comte de F... me montra la maison où il avait connu Pedro Gailhard, un fameux directeur ; l'hôtel de la princesse G..., où il faillit se marier ; la maison des célèbres Padilla, où l'on s'amusa pendant dix bonnes années ; un petit café où il lui arriva de boire très tard avec des amis du *Figaro*, en sortant d'un bal de l'Opéra. Ce ne furent que souvenirs d'un temps rose...

Enfin, nous arrivâmes rue Rossini. L'impression de détresse que produisit sur moi l'intérieur, ou plutôt le taudis du Britannique fut telle que je prétextai un dîner que j'avais moi-même oublié pour m'enfuir au plus vite. Sur la table, deux œufs à la coque posaient comme deux œuvres d'art. Une ombre de catacombes tombait d'un plafond bas. L'appartement minuscule et froid était encombré d'assiettes, de vieux meubles et de vêtements qui sentaient le teinturier. Au fond se tenait, pareil à un croisé vêtu de ses écailles, l'Anglais qui salua poliment. Tous deux allaient célébrer sur le ton de la plus haute distinction une sorte de culte des morts, et boire, à la santé des chers disparus, ainsi que des années évanouies, l'eau du robinet. Le comte de F... m'accompagna jusqu'à la porte d'entrée, me pria de revenir le voir et me demanda :

— Pourquoi ne parlez-vous jamais des femmes de notre bon vieux temps ? Il y en eut de si étonnantes...

— C'est que, dis-je, il faudrait parfois les nommer.

— Oh ! que vous avez raison, s'écria-t-il. Alors, chut !... chut !... chut !... Pas d'indiscrétions...

D'après Paris

Rappel

Il aime à descendre dans la ville à l'heure où le ciel se ferme à l'horizon comme une vaste phalène. Il s'enfonce au cœur de la rue comme un ouvrier dans sa tranchée. La cloche a plongé devant les fenêtres et les vitrines qui s'allument. Il semble que tous les regards du soir s'emplissent de larmes. Comme dans une opale, la lampe et le jour luttent avec douceur.

Des conseils s'écrivent tout seuls et s'étirent en lettres de lave au front des façades. Des danseurs de corde enjambent l'abîme. Un grand faucheux d'or tourne sur sa toile aux crocs d'un buisson plein de fleurs. Un acrobate grimpe et s'écroule en cascade. Des naufrageurs font signe à d'étranges navires. Les maisons s'avancent comme des proues de galères où tous les sabords s'éclairent. L'homme file entre leurs flancs d'or comme une épave dans un port.

Sombres et ruisselantes, les autos arrivent du large comme des squales à la curée du grand naufrage, aveugles aux signes fulgurants des hommes.

Marées

J'ai découvert la mer, enfant, rue de Sèvres, un matin plein de courses, au seuil des vacances, en pleine fièvre de départ. Mon père me pressait la main sans rien dire et se hâtait, de son pas carré. De temps en temps, je regardais d'en bas le doux souci de son profil, et le tournant de son chapeau à haute forme où le ciel d'été défilait. Les maisons s'écartaient et glissaient peu à peu devant un estuaire, que les passants bordaient de sillons mâchurés, comme nous en tracions, le crayon à plat, pour les côtes et pour les montagnes, quand nous faisions une carte de géographie.

Nous arrivions au Bon Marché : « Tu vois... », commença mon père. En effet. J'aperçus un port fermé de grilles, un môle, un vaisseau immense, aux vitres brillantes, aux cheminées bleues, comme j'en avais vu l'image en couleurs dans un vieux livre, et qui me fit penser à l'*Astrolabe*, à la *Zélée* ou au *Vengeur*, des dames de proue coiffées de fanaux, des hublots laiteux, des lampes qui brûlaient dans le plein jour,

des battements d'ailes blanches et jaunes, des claque-
ments de pavillons, des fumées coupées de cris
chantants et de cloches, et je compris que c'était la
Mer.

Souvenirs d'un fantôme

Du compitalier sombre au faune soni-
pède. (Var.)

Je suis entré dans les mœurs des fiacres avec ma tante.

Ma tante avait une capote à brides, en crêpe noir, avec un cœur blanc de veuve d'officier.

— Tsiitt ! Monsieur !...

Elle appelait les cochers Monsieur, les garçons Monsieur.

Nous montâmes. « A l'heure, Monsieur ! »

Mon premier cocher, que je vois encore, avait une bonne figure de vitelotte sous son chapeau de cuir bouilli.

Nous n'avions pas fait cent mètres que ma tante me tordit le pouce : elle voyait venir à notre rencontre un autre fiacre, jaune de colère, comme une guêpe engrogne une mouche.

— Hélâ, mon Dieu ! gémit-elle, arquant la bouche en demi-lune, comme faisait le bon Matrat dans les *Fourberies de Scapin.* Seigneur ! Y va nous accrocher !

Dans cette fin de siècle, on avait grand-peur des

accidents de voiture. On y pensait sérieusement. Nous en parlions souvent.

Les catastrophes un peu notables étaient lointaines, américaines. Il n'y avait pas eu grand-chose depuis le drame de Dundee, sur la mer du Nord, où, pendant une nuit d'orage, un pont s'abîma dans l'estuaire avec deux trains qui s'y croisaient, sans qu'on eût rien vu ni entendu. L'erreur sombre du Pecq était déjà du vieux passé. Les grandes journées de Saint-Mandé, de Melun, des Couronnes,

Avec leurs trains hachés qui brûlent dans les gares...

... comme écrivait Jean Lorrain, ne devaient arriver que beaucoup plus tard.

Avec de rares incendies, quelques chiens enragés, et quelques crimes, que les journaux appelaient pieusement « une série rouge », les accidents de voiture étaient à peu près tout ce qu'on avait à se mettre sous la dent. C'était comme les petites suites, les dernières étincelles de la guerre de 70... Et il y en avait... Il me semble même qu'il y en avait de terribles...

Les grosses balles de plomb rondes faisaient bien autant de mal qu'en ont fait depuis les balles dum-dum...

Le fiacre sentait le cuir moisi, le vieux tapis, le chien mouillé, la brosse à reluire, la croupe chaude.

On avait une préférence pour les voitures de l'Urbaine, qui étaient les plus élégantes, jaunes et cannées, propres et régies par des cochers de choix. Redingote mastic à boutons de métal plats. Chapeau haut de forme blanc, luisant, d'une matière de blanc-manger.

Il y avait même des personnes cossues, notamment des célibataires, qui avaient une voiture de luxe, de l'Urbaine, au mois. Cocher ganté. Jolies lanternes bleues. Grosse bouillotte pour l'hiver, lourde comme un lingot.

Aux sons de l'orgue de Barbarie (*sic*), le fiacre allait prendre son tour derrière la file de ses congénères, pour se nourrir et s'abreuver contre un arbre perfectionné, qui contenait un insecte du genre carabe, certains disent un staphylin, dont le ventre s'ornait de caroncules argentées.

Pendant que le cheval épelait son avoine en fourrant sa tête entre les pages, l'insecte se soulageait, dans son arbre, d'un liquide simple, heureusement filtré par l'aubier, et qui sautait en torsade violente, par un sexe de cuivre assez bas sur pattes, avec un bruit bleu longuement modulé, dans un seau de fer battu ou de toile, où le cheval faisait deux petits pas pour aller le boire, et l'uriner presque en même temps par un énorme clou de girofle, en regardant tristement ses souliers.

Ces soins rendus, le cocher nageait vers le traiteur, où on lui servait un pavé de santé de miroton ou de bœuf bourguignon, une entrepèse de grosse miche, un barodet, du piccolo, du fromage, un petit noir avec petit verre, deux dominos de sucre et un crapulo.

Le fiacre, c'était la cavalerie. Le camelot, l'infanterie. Le marchand de marrons, l'artillerie. Et ils se méprisaient, tendrement...

Parente pauvre de la musique militaire, femme répudiée du kiosque à journaux, la vespasienne est le confessionnal du libre penseur.

Quand le fiacre quittait le macadam pour le pavé, son bruit triste et frais comme une marée haute, important comme un événement, croissant comme une grande nouvelle, emplissait la rue.

La nuit, quand le cocher se trompait aux lumières et franchissait les cordes d'une rue barrée, la lanterne du fiacre et celle du chantier se regardaient comme une bourgeoise regarde une femme du peuple.

Le fiacre à galerie attendait le dernier train aux vitres huileuses d'une gare, dans sa houppelande gothique, avec des pilules de glace dans la barbe, et son cheval qui s'endormait en changeant doucement ses angles, comme un vieux mètre pliant...

Le dimanche soir, sur le tard, les fiacres enivrés se défiaient à la course dans une immense écume de sonnailles, à la grande terreur des familles qui rentraient de la campagne, le giron plein de fleurs...

Autoritaire, la baronne Nathan-Jâmay héla un fiacre. Je n'avais pas un sou sur moi. Je baissai les stores, et commençai de l'embrasser dans un coulis de paroles fiévreuses. Mais la vie n'était pas tenable, et je fus vite à bout de nerfs quand les premiers de mes baisers furent tapés par l'insecte dur du compteur qui grignotait ses dix centimes.

Nous fîmes ainsi le tour de Paris.

J'alléguais des courses pressantes, dévorant des cafés, des bureaux, des journaux, m'arrêtant partout, pistant l'ami dont j'obtiendrais quelque rixdale, redoutant tout de la baronne, qui n'avait pas le poil commode. Pas de veine. « Pas encore arrivé !... » « Vient de sortir à la minute !... » Ce fut la patronne d'une maison de rendez-vous qui me sauva la mise.

C'était plus que je n'en pouvais supporter. Le front couvert d'une sueur affreuse, je rangeai la baronne et descendis du fiacre : « Combien vous dois-je ? » râlai-je au cocher, qui n'est pas sorti de ma mémoire avec son dos rond, sa redingote vert bouteille, sa bonne figure de poire cuite et ses favoris à la Mohrenheim.

Il me répondit en haussant les épaules, avec un regard chargé de sagesse : « Ça n'a pas de prix... »

◇

J'ai connu jadis un vieux fiacre qui avait passé, avec un cul-de-jatte, un contrat en bonne et due forme, suivant lequel il s'engageait à le ramener chez lui tous les soirs. L'autre s'accrochait avec les bras, qu'il avait puissants, habitués à tout faire, à l'essieu arrière de la voiture.

J'ai vu bien souvent l'étrange appareil rouler la nuit

dans la rue vide, avec un bruit de tonnerre, à l'heure où je rentrais moi-même.

Il était bon de se garer.

Que de fois, fatigué, recru, courbé par le chagrin, désorienté sur le trottoir, ai-je vu mes frères les fiacres piétiner, s'arrimer en station, s'affaisser, s'assombrir...

Le fiacre est la vieille chaussure du souvenir.

N'avons-nous pas assez de recul pour essayer de classer le fiacre ?

Mais nous voyons presque tout de suite qu'il échappe à toute classification, qu'elle vienne de Cuvier, de Linné, de Milne-Edwards ou de Quatrefages.

Il ne relève que des poètes.

La race fiacreuse tend à disparaître complètement, comme celle de l'omnibus, détruite par les sauriens à essence. Elle ne comporte plus que quelques exemplaires cachectiques, à peine plus nombreux que ceux de la girafe, qui ne se comptent pas plus de quatre au monde, ou de l'orgue de Barbarie, dont je ne connais personnellement qu'un seul et unique survivant.

Les rares fiacres que l'on rencontre ont l'air d'insectes égarés, séparés de leur tribu, sans espoir de retour, errant à l'aventure, porteurs d'un fardeau qui se trompe lui-même et qu'ils ne savent où loger.

Ces phasmes n'ont pas su mourir dans leur saison.

◇

Le fiacre dut être d'abord une créature amiboïde, puis une maladie du Centaure, une sorte de cancer, une prolifération membraneuse, une Rosa-Josépha tout à fait extraordinaire.

Puis un animal autonome, quelque chose comme une chauve-souris à roulettes, une sarigue où tout serait à l'envers.

Il fut à l'hippocampe ce que l'homme fut au singe.

... Plus tard, une panoplie d'hommes et d'animaux. Des araignées géantes y vinrent parasiter, s'y adaptèrent, firent de la symbiose et s'y accouplèrent en tandem. La chauve-souris, toujours d'une grande espèce, y dérogea, devint aveugle et sourde, s'y replia sur l'arrière, et ne s'y réveilla que par les temps de pluie pour s'ouvrir doucement sur le fardeau mouillé qui s'endormait lui-même...

Des chevaux-forçats du Sabbat, condamnés par les sorcières à rouler leur boulet sur terre, renouvelèrent la race par des croisements.

L'espèce se classa, se hiérarchisa, se civilisa. Il s'y fit une élite qui porta montre et caoutchoucs. L'homme sut lui donner son âme et sa paresse. Les fiacres fainéants se firent mener par des Auvergnats, traîner par des Fantômes, et même, un peu plus tard, par des Hobereaux ruinés, secs comme torchette, usés jusqu'à la corde, et qui secouaient leur attirail en galopant, avec de beaux restes...

◇

Un soir de chaleur étouffante, où je somnolais sur une chaise, aux Champs-Élysées, contre les massifs pleins de remuements licencieux, face à la place de la Concorde, j'entrai dans un rêve.

C'était la Fin du Monde, une fin douce et monstrueuse. L'eau montait avec une indifférence inexorable.

Un fiacre géant, déjà ruisselant, s'avança vers moi, s'ébroua, buta sur ma chaise, me soufflant par le nez des fuseaux de fumée verte, encensant et chauvissant, jusqu'à ce que j'eusse vu que c'était un Centaure, et qu'il avait le visage de Monsieur Barbey d'Aurevilly.

Je crus l'entendre qui me disait, avec sa hauteur coutumière, à travers ses cils de nitre et de pluie : « Le temps est vraiment trop mauvais. J'ai envoyé mes meubles à la campagne. Je traîne après moi l'indispensable... »

Mais il cria plus fort : « Montez donc ! Montez donc ! » Ma foi, je l'enfourchai de bon cœur.

Il me promena longtemps dans la ville nocturne. L'eau commençait à nous gagner. Les quinquets pleuraient des larmes rousses. Les murs étaient lourds d'embuscades, comme à Valognes, du temps du Chevalier des Touches.

J'allais me pencher dans les poils de ses oreilles pour lui demander où il nous menait, quand il s'arrêta net, en me secouant fort, devant une immense porte flambante.

— Nous voici rendus, me dit-il.

Et je lus sur la porte :

ENFER

La Tour Eiffel

Et l'on dit que tout en haut
On verra jusqu'au Congo
Brazza chasser la gazelle
De la Tour Eiffel... le.

J'ai vu pousser la Tour Eiffel.

Nous allions la voir, en sortant du lycée, le veston en cœur remonté par la serviette.

Les parents constataient les progrès de la chose, en sifflotant, comme quand ils toisaient leur fils, au crayon, sur un mur.

La Seine, encore à peu près tranquille, jouissait tristement de son reste, avant les pavillons, les fanions, les fanfares.

Les remorqueurs traînaient leurs cheveux sur le fleuve, avec une plainte d'ogresse en gésine.

Les bateaux-mouches filetés de soleil fondaient comme des rayons de miel.

C'était l'époque où, qu'il en eût besoin ou non, le zouave du pont de l'Alma se lavait une fois l'an les pieds jusqu'au ventre.

Les deux chandeliers du Trocadéro n'éclairaient encore que l'herbe.

Les arbres des quais mûrissaient leurs lanternes.

Les étagères des bancs et des ponts commençaient à se couvrir de bibelots méditatifs.

Elle fut un piège, avant d'être une nasse.

Le cœur serré, nous distinguions au-dessus de la première plate-forme un halo rouge de travail, une sorte de buée sonore, où l'on voyait de temps en temps sauter le battant d'un marteau, pareil à l'envol d'un corbeau qui retombait dans la poussière.

Un bourgeois qui passait s'arrêta près de nous, rouge et soufflant, pattu comme un poêle de blanchisseuse, avec un petit col officier, des lunettes posées sur la moustache, une chaîne de montre grosse comme des menottes, un bourdalou rehaussé d'encre sur la tête.

— Nous ne serons jamais prêts ! dit-il.

Un matin de mars, cependant, la Tour fut prête, cuite à point comme une langouste.

Coppée lui fit une apostrophe, qui finissait sur ces beaux vers :

> *Mais tout là-haut, un aigle passe*
> *Et n'y fait pas attention !*

Les délicats n'aimaient pas la Tour. La France artiste applaudit au maître. Mais les ingénieurs étaient fiers. Une réponse était dans l'air. Le poète Raoul

Bonnery, disciple de Sully Prudhomme et membre de la Société des Gens de Lettres, qui veillait, du fond de Louis Figuier, sur les Merveilles de la Science et les Merveilles de l'Industrie, déterra des vers de Laprade :

> *Sur mes froides hauteurs si nul ne vient m'en-*
> *tendre,*
> *Moi j'y respire à l'aise et n'en veux point*
> *descendre.*

Et ferma le ban par ses propres vers :

> *La Tour, objet de ton blasphème,*
> *Pourrait t'envoyer, Polyphème,*
> *Écraser tes os tout en bas !*

La nuit, la Tour, les pieds écartés sur un bûcher trop petit pour elle, pissait debout la Loïe Fuller et les Fontaines Lumineuses. Les terrasses des restaurants du palais des Arts Libéraux, bondées à plier, se hérissaient de tziganes qui fouettaient la nuit lente à descendre. Une étoile lorgnait mon parfait au café, dont la chaleur faisait une statuette. Une chauve-souris signait son courrier sur le front de bandière. Un escalier buvait du lait dans les ténèbres.

Aujourd'hui, la Tour Eiffel ne s'embrase plus jamais. Elle est devenue tout à fait sérieuse. Elle tape, jour et nuit, de la machine à écrire, mais parfois, sur un ordre obscur, s'allume sèchement et se couvre de cristaux froids, comme un kummel autocopiste, dans le vieux ciel aux yeux mi-clos, brouillé de souvenirs amers...

De ma fenêtre

A la jumelle, je voyais les départs hâtifs du dimanche. Une fenêtre grand ouverte où les gens s'apprêtent, passent et repassent.

La suspension trop basse où les allées et venues se cognent. (Ils ont rangé la table pour faire de la place.) Un coup de pouce arrête le pendentif.

Un bout de miroir me renvoie le ciel du fond de l'antre. (Je vois un œil tout grand ouvert dans les ténèbres.)

Un homme vient brosser son chapeau sur la rue.

Ceux qui sont punis s'installent et bâillent à tous les étages.

Ils passent la tête, et tournent, et rentrent, comme un coucou dans sa pendule.

La femme qui profite de son dimanche pour nettoyer, d'un air de stryge intermittente. (Elle secoue l'adieu suprême du mouchoir dans le dos d'un sergent de ville.)

L'employé qui reprend son chef-d'œuvre en bois sculpté à la mécanique. (Est-ce un service de fumeur ? Est-ce un cabaret à liqueurs ?)

Le retraité qui joue du trombone. (Invisible.)

Le monsieur qui prend son parti de passer son dimanche devant sa fenêtre, en bras de chemise. Il vide sa pipe sur la barre d'appui, la rebourre, l'allume, ressemble un instant à Édouard VII, et sursaute ! Une énorme araignée qui lui tombe du ciel lui passe dans la barbe !

C'est un animal japonais, d'ailleurs splendide, qu'un enfant fait descendre, à petites secousses, au bout d'un fil.

Le voilà qui arrive sur le trottoir.

Trois passants s'arrêtent, rentrent le ventre, tirent leur pantalon, prennent du champ sur la chaussée, regardent en l'air, se bousculent, et se fendent comme du bois sec.

Il faut se garer des pédards, qui dessinent des nouilles et creusent leur vitesse, ardemment, comme feraient des fossoyeurs qui viendraient de s'apercevoir que la Mort est un crocodile !

Communions

Marée haute du printemps
Où fume déjà l'été.
La mer se couvre d'œufs à la neige.
Les villes écument comme des îles.
Le rond-point des Bergères est en pierre d'Auvergne.
Bécon-les-Bruyères est en soie Louis XVI.
A Heidelberg les coteaux sont mauves.
Paris s'étoile de petites fontaines
Et répète ses futurs mariages.
— Ne salis pas ta robe blanche.
Son petit frère à côté d'elle,
Comme une tablette de Moreuil en papillotes.
Le grand frère gaule la famille.
Le mot impossible n'est pas français.
Le temps s'élève.
Et toi, tu as toujours quelque chose.
Tu es toujours la même quand on te sort.
C'est encourageant.
Vous irez tout seuls.
Ne commence pas à faire la tête.
Fussions convenus que vinssent les Piéfort,
Les roussâtres Piéfort, les livides Piéfort,

Passerons-nous les prendre ?
Tu as le panier ?
Thérèse se charge du petit.
Ça m'aurait étonné si tu n'avais rien oublié.
Tchht ! pas tant de bruit dans l'escalier.
Les concierges nous regardent partir.
Il commence déjà à faire chaud.
Oui, mais la vraie chaleur n'arrive
Que par le courrier de onze heures.
Tiens, les Chombart ont déjà fermé.
Là-haut, l'oiseau qui a l'air de comprendre
Qu'on ne l'emmène pas....
On lui a mis tout ce qu'il faut avant de partir,
Allons. En route, mauvaise troupe !

« Ah ! pour moi, que la vie serait belle,
Si j'étais Gé, si j'étais Gé, si j'étais Géraudel !
« Sonore, un cor de corne en la tempête tonne...
Souvenir, souvenir, que me veux-tu ? L'automne... »

En autobus

Mon voisin s'assied à ma gauche. Il laisse tomber sa canne sur moi et l'y laisse.

Une grosse dame rit d'un rire terrible, avec une bouche pleine de parmesan. Me la voilà sur tribord.

Elle pose entre ses jambes une ombrelle vieux style et sans pommeau, dont la vis bordée de colle pointe entre ses doigts boulus.

Elle parle tout haut et toute seule. Elle dit tout ce qu'elle pense et tout ce qu'elle va faire. Elle a trouvé un appartement, son escalier est clair comme bonjour.

— Arthème, tu ennuies le monsieur et la dame.

— Mais non, je vous en prie, laissez-le, Madame, il ne gêne pas.

— Si le temps se maintient, ce sera préférâble.

Il roule des machines qui font trembler les idylles de la base au faîte, et qui finissent par faire tomber le bouquet...

Rêverie sur l'omnibus

A Mademoiselle Alice Turpin.

Il faisait chaud. Nous avions dîné chez ma tante, qui habitait une très vieille maison de l'avenue de Neuilly, où se tressaient la pierre et la plante, et que nous avions quittée à l'heure où les insectes s'escamotent, où le jardin se passe au bleu. Relève. Changement d'équipe sur toute la terre. Je venais d'avoir je ne sais plus quel succès scolaire, j'avais bu ce soir-là ma première coupe de champagne. Et nous revenions dans cet interminable tramway des boulevards extérieurs, lourdement coupé d'incidents et de reposoirs à n'en plus finir, que les uns disaient vert et les autres marron, j'entendais souvent discuter la chose, on ne se mettait jamais d'accord, quand, à la hauteur du collège Chaptal, mes rêves de gloire furent enfin pris dans le tremblement triste des vitres, qui vous chatouillait longuement les oreilles, et je m'endormis sur l'épaule de ma mère.

◇

Quand un garçon élevé solitaire commence à sortir seul, ses premiers voyages en omnibus lui donnent de grandes espérances. Ce sont ses débuts dans le monde. La gradation en est sans larmes. Pensez donc, un salon qui roule, et où l'on n'est pas obligé de parler !

Tout de même, quand on monte là-dedans, on entre dans un tribunal. Le public d'en face a l'air d'un jury, les yeux fuyants, les oreilles bouchées à toute espèce d'accent sincère. Le conducteur et le contrôleur sont du genre gardien de prison. Il y a même des militaires.
Tu finiras sur l'échafaud.

J'avais bien déjeuné. Le sang me battait à tout casser. Une neige immense étouffait la ville. L'air sentait l'encre, les maisons faisaient le gros dos, les voix devenaient des cris de poussin, tous les bruits s'enterraient sous un tombeau de plumes, toutes les bouches soufflaient gaiement leur vapeur, et le ciel avait les yeux d'un harfang. Secouant mes semelles, je sautai dans Passy-Bourse, qui finissait de boire au joli bassin de la place d'Eylau, pour aller voir, sous les galeries de l'Odéon (place, siou-plaît, correspondance ?) un livre d'étrennes que je brûlais de posséder : les *Dix Contes* de Jules Lemaître.
Je dus m'asseoir en face de deux jeunes femmes qui tétaient gentiment leur voilette, tirant de temps à

autre un bouquet de violettes de leur manchon, avec
des mouvements qui embaumaient, et qui ne me
quittaient pas des yeux.

— Joli comme un modèle italien, souffla l'une. Je
rougis comme sous une pincée de poivre, et, pour la
première fois, d'un coup, j'oubliai mon cartable,
j'oubliai les *Dix Contes* de Jules Lemaître, j'oubliai que
j'étais premier en latin, j'envoyai au diable les bouquins, les prix, le talent, les beaux-arts, et je pensai à
ma petite Suzanne, qui montait souvent sur mes
genoux.

◇

C'était tout de même un drôle de corps que
l'omnibus. Nous ne l'avons pas bien regardé. Comme
un poète, il faut qu'il soit mort pour qu'on y pense.

◇

... Toutes sortes de suggestions et de faces, pour
l'enfant que j'étais, plein de rêves bizarres, de bouquins de voyages et d'histoire naturelle, démangé de
chimères, voué aux mystères et aux attrapes... Celle
d'une de ces armatures spéciales, construites pour
supporter le truquage d'un animal antédiluvien dans
une féerie, bâtard de tapir et de glyptodon... Celle
d'un mammouth rachitique, avorté de la trompe et des
défenses, assez connu dans les Sabbats, routier de
Pharsale et de Mofflaines, puis réformé comme un
simple cheval, à titre de vieux serviteur, avec la
concession d'un terrain géologique ; tiré de là, couvert

de plaques de micaschiste, par un Pygmalion paléon-
tologue, technicien hors ligne d'ailleurs, inventeur
d'une machine à parler, qui le ressuscite à des fins de
maniaque, dans un laboratoire d'élevage d'automates,
puis le reverse tant bien que mal dans la cavalerie du
Sabbat terrestre...

◇

Je n'aimais pas beaucoup passer près des chevaux.
J'avais eu des tas de cauchemars avec les histoires
du pélican, d'Ugolin, de Méduse, du cheval de
Markariantz, des chevaux de Diomède...

◇

Les omnibus étaient des externes surveillés, les
tramways, des internes. Mais les pronostics devinrent
sévères. Le mal de nos temps et la concurrence en
firent des prévenus libres et des prévenus enchaî-
nés...

◇

On montait sur l'impériale de l'omnibus à deux
chevaux par trois marches de fer, irrégulièrement
disposées, pas plus grandes que des pelles d'enfant, en
s'aidant d'une corde. Quand on se trompait ou qu'on
manquait la marche, il fallait redescendre en s'ébré-
chant le tarse. Ainsi s'acquiert l'expérience. Mais le
spectacle en valait la peine, quand une femme grim-
pait devant vous, cloche évasée par la tournure,

oscillant d'une seule pièce, jambe de-ci, jambe de-là, comme une poupée d'un modèle riche, et qu'on savait choisir la marche et l'intervalle...

Quelques espèces de ce genre de voitures n'avaient pas de plate-forme, et le conducteur se tenait en équilibre sur sa porte, le derrière appuyé sur son composteur à correspondances, emporté sous la croupe du joyeux pachyderme à des vitesses vertigineuses !

Dans les premiers temps, quand je ne fumais pas, j'allais, dès que je le pouvais, m'asseoir à l'une des deux places du fond, d'où l'on dominait la croupe des chevaux, dont l'anus s'ouvrait en grand, comme une pivoine, presque aussi souvent qu'il était raisonnable de le souhaiter, et lâchait très proprement des esquilles d'un jaune indien tout à fait somptueux, qui s'accrochaient à la ventrière, aux sangles et aux traits de cuir.

$\diamond$

Sur les vitres faciales, les annonces gravées, matées à l'acide, et c'était l'époque où les glaces des cafés, traitées ainsi, faisaient florès, les annonces ne se renouvelaient guère. C'étaient toujours : Au Bon Génie, Crépin de Vidouville, A la Redingote Grise, ou Cordonnerie Champomier. Cette dernière était illustrée par un champ planté d'un pommier. Je devais connaître ce chausseur. Il tenait boutique au coin de la rue du Colisée et du faubourg. Il était coiffé d'un béret d'artiste, avec un nez rose et quêtant la bouche, assez semblable à une praline ratée dans le four, qu'il pensait rectifier en la suçant lui-même, ne pouvant en rien compter sur sa femme, car il devait recevoir d'elle plus de horions que de blandices. Il chaussait Clemenceau depuis tantôt deux lustres, et quand on lui parlait du grand homme, ses yeux se remplissaient de larmes.

Au plafond, plein cintre de poisson mort, on voyait quelques modestes affiches : *Fer Bravais, Cacao Van Houten, Moutarde Bornibus, Thamar Indien Grillon, fruit laxatif, rafraîchissant ; Somnol, avulsion des dents en musique,* etc.

◇

L'omnibus était une armoire à glace qui se prenait pour le Cheval de Troie.

◇

... Vie errante et paisible dans les rues mal éclairées... Figures affaissées des hommes, joues mélancoliques des femmes, qui peu à peu somnolent et choquent les pots, ·tête contre tête... Un chapeau haut de forme tombe... Les yeux s'entr'ouvrent et se referment...

On attaque l'omnibus ! Est-ce un cyclope ? Un monstre marin ? Réveil général dans l'ombre traversée par un œil goitreux bouilleur d'éclairs...

... Une pharmacie...

◇

Que d'espoir et de fatigue heureuse, dans l'adoles-
cent qui rentre d'une petite fête de camarades. Ah ! les
lendemains de noce, ose-t-il se dire à mi-voix. Et il se
sent la tête brûlante dans les ténèbres...

Suite de la rêverie

Cet été que nous habitions boulevard Magenta, devant le marché de Chabrol, entre les deux gares, et que je revenais du lycée Henri IV, je ramenais Jarry dîner quelquefois. Nous montions sur l'impériale de Montrouge-Gare de l'Est. Nous feuilletions le boulevard comme un album. Nous en connaissions toutes les boutiques, la lingerie de la Cour Batave, le mobilier des Petits Agneaux, les brodeuses de Sajou, les bobines Suzor et Dollfus-Mieg, les parfumeries Pinaud et Piver, la chapellerie « Au Hérissé », dont l'Absalon dans sa cage de verre nous faisait penser à Ernest La Jeunesse. D'immenses enseignes, les Ciseaux d'Argent, le Dé d'Argent, la clef géante d'une serrurerie, la lanterne d'une Poste au bleu pensif, qui se faisaient de l'œil sur le crépuscule, nous emmenaient dans des rêves étranges. Entre le kiosque à perruque et le platane torréfié, déjà plafonnés par le gaz, on voyait un homme en bras de chemise, une femme en corset, s'accouder un instant à la fenêtre ouverte, un chien les deux pattes sur la barre d'appui, la table servie pour le dîner, la suspension qui brille doucement d'une petite boucle d'oreille, le passant qui lève la tête et proteste contre l'arrosage. Au-delà du halo des grands boulevards, l'éventail de vitres de la gare de l'Est commence à rougir. Et, par les soirs de fête, les arbres se garnissent à perte de vue d'oranges sanguines, dont la lumière en chemise à plis peint en bras nus les branches poudreuses...

Panthéon-Courcelles était un fouisseur, une espèce de campagnol ou de courtilière. Il frayait son chemin, perçait des tunnels, découvrait des ruelles inqualifiables, rendait la vue à des yeux aveugles...

... J'ai laissé glisser ma canne de l'impériale. Un prêtre au beau visage, qui marmonne à côté de moi, se penche pour m'absoudre et me dit, d'une voix ménagère, avec les yeux les plus sages du monde : « Ce n'est pas tout d'avoir une canne, il faut savoir la diriger... »

J'aimais rester sur la plate-forme, sous l'escalier de l'impériale, bien isolé et bien à l'abri, fumant à force, tournant les pages de la rue. Que de fois j'ai su gagner cette place, de glissade en glissade...

Un jour que je m'y trouvais seul avec le conducteur que je connaissais bien, fin colonial plein de faconde, il finit de timber ses correspondances, tapa la claquette, calotta ses deux sonneries, ferma sa sacoche,

tira sa voiture par l'oreille, accrocha la chaîne à la
rambarde, et, me regardant en clignant de l'œil :
« Histoire d'être un peu chez soi... » dit-il.

Un pauvre parti de guerriers timides, champignons
et raisins secs, embusqué depuis trois quarts d'heure
dans la buée d'un marchand de marrons, vit larmoyer
l'œil vert du silure au bout de la rue des Martyrs. Je
pensais mollement à des bonbons anglais, j'avais froid
aux pieds, il commençait à pleuvoir.

Le parloir roulant buta sur son grincement, s'arrêta
d'un air enchifrené, habitué à subir, et fit l'égoïste de
tous ses visages. Le côtier se traîna, d'un air de loup
de mer, amena son cheval et lui mit sa couverture. Le
marchand de journaux tendit à manger, le long de sa
perche, par habitude, à l'impériale sans voyageurs.

Nous tentâmes sans conviction la manœuvre de la
tortue.

— 298, 99, 300... Le n° 1, 2, 3, série verte.

— Pardon ! 270.

— Passé, Monsieur ! Vous n'aviez qu'à rester là.

Le conducteur, secoué de tics hilares qui reniaient
de toutes leurs forces l'école du malheur, la moustache
prise entre les dents, l'air d'un rasoir égueulé, sonna
sur ses deux registres, secoua la queue de la tabatière,
et, d'une voix de parade foraine :

— Rien au rez-de-chaussée ! dit-il. A volonté sur
l'étagère !

L'intérieur était la couveuse de la vieille dame
L'impériale, l'étagère du vieux garçon.

> *Objets de luxe, ornements d'étagère,*
> *De leur bon père oubliant les leçons,*
> *Dès maintenant nous déclarons la guerre,*
> *Nous déclarons la guerre aux vieux garçons!*
> (En chœur.)   *En guerre!*
>   *En guerre!*
> *De la révolte élevons le drapeau!*
> *Nous voulons un impôt* (bis)
> *Sur les célibatai-ai-res!*

On se sentait entre gens discrets et qui avaient eu
des revers, comme au Parc aux Huîtres ou Club des
Pannés de l'Étoile, ou dans certains restaurants à prix
modique.

La vieille dame était en soie noire et en jais, avec des
lustres violets aux oreilles.

La jeune femme avait un chapeau garde-française,
où les cheveux remontaient en torsade, traversés d'un
stylet qui m'éraflait la tempe à chaque cahot de la
voiture.

Le vieux garçon, les genoux au menton sur l'étroite
impériale, frottait l'une contre l'autre ses bottines à
élastiques, en rongeant le bord de son canotier

— Que fait-on de cette vieille galanterie française ?...

Rageur, je donnai ma place à la grosse dame en velours frappé.

◇

Quand nous avions assez du Boul'Mich, nous prenions l'impériale de Place Pigalle-Halle aux Vins, avec Suzanne Després, Lugné-Poe, Pierre Louÿs, Jarry, Tinan, pour souper un peu à Montmartre. Il n'y avait alors au Quartier latin que le d'Harcourt, la Source, la Lorraine, le Steinbach, pas encore de Panthéon. Rien d'autre à Montmartre que l'Abbaye de Thélème, le Rat Mort, le Rat qui n'est pas Mort, et le restaurant de la place Blanche, qui devint plus tard le Grelot. Il était amusant de se battre dans ce restaurant, dont l'escalier, qui conduisait à la salle du premier étage, était si étroit et de marches si hautes, qu'avec une décision prompte on y précipitait son adversaire, qui glissait jusqu'en bas sans pouvoir se reprendre, si habitué aux bagarres fût-il...

Rigo dort sur son violon. 4 h...

J'ai bu le lait divin que versent les nuits blanches.

◇

On ne guérit pas de sa jeunesse.

La gare

Baraques, barrages autour de l'église. L'express-bar attend patte blanche, et sort en échange sa main de gloire. Un cri du cœur demande l'écluse. La nuit bâille par monosyllabes. Il s'agit de ne pas se tromper de chapelle. Au fond, le stand. Les cibles tournent, clignent, changent de couleur, s'assoient dans le fer, annoncent les coups dans la lumière diluvienne, sur un ciel semé d'éclats de pipes. Il y a encore deux petites chambres avant la mort, deux gentilshommes qui ne veulent rien savoir de la Révolution Française, le bureau de tabac et la bibliothèque. Ne poussez pas ! Chacun son tour de faire l'homme-torpille.

Vulcain a craché sa chique de feu, son delta de fer jusqu'à l'horizon. Blanche d'écume, retour des Enfers, urinant de toutes parts, avec ses fanons de graisse et de nitre, une Gigogne arrive, d'un immense coup de ramasse-miettes. Et ce qu'il y a de plus fort, c'est que les miettes reviennent à elle. Elle est aimantée. Chaque wagon devient un chargeur, où les cartouches se placent d'elles-mêmes. L'homme nocturne est un caviar qui ne demande qu'à se mettre en boîtes ; dans tout ce qui veille, dans tout ce qui danse, dans tout ce qui roule, dans tout ce qui dort.

Changement de rythme et de registre. La vapeur commence à chanter. Ton de poème. Un peu de courage. Encore quatre syllabes, encore trois.

Quand le plein est fait, le train compte à voix basse et se décide, sur un soupir. Avec son nez de boxeur, avec sa barbe dure, avec son sternum sombre, avec ses astéries majuscules, avec ses seins pleins d'huile brûlante, avec ses icônes qui s'allument, avec ses lampes dans toutes leurs niches, avec ses hommes saignants de houille, la locomotive fait une belle image, comme une lettrine d'enlumineur. Les signes et les lettres sont tous aux fenêtres. Le wagon-bar suit la métaphore. Le wagon arrière a ses trous en rubis, sa conjonctivite et son souffle noir.

Un grand appel d'air plein de limaille. La nuit retombe comme un chien mort. Il a été tué le long des rails. Où est-il ?

Invisible, tu peux t'asseoir sur le ballast.

Par-delà les murs, on voit maintenant pleurer les fenêtres de la ville.

— Pourquoi cette plainte d'enfant ? Tu pleures ?

— Viens nous voir...

— Nous... nous voir..

— Comme quand tu étais petit garçon, tout seul,

sans camarades, et que vous habitiez la rue de Saint-Quentin, tu te glissais, les soirs d'été, sur le boulevard tout rayé de femmes, et tu venais nous voir...

Oh, à tous les tournants des rues, ces frontons pleins de cris lointains...

Il y avait des locomotives, et des femmes.

Il y avait tout, les grasses putains, les Compound, et les cuisinières des trains de banlieue.

Dame Crûque était une vieille Crampton. Une grosse truie soulignée d'une portée de cochons roses, dans une lueur d'étable et de Rois Mages. Les petites locomotives n'ont que des œufs de homard. Crûque avait la poitrine forte et des jambes de sauterelle. Elle démarrait avec un coup de lèvre étrange. Elle avait une tête et une voix à s'appeler Crûque. Je ne la vois pas comme la Mort. La Mort est une chaise un peu plus compliquée. .

Si vous y voyez clair sur la pluralité, vous faites erreur sur l'unité, monsieur le directeur, laissez-moi vous le dire. Vous alléguez que vous êtes cheminde-ferrique, et que le cas individuel le plus digne d'attention ne saurait détourner votre esprit des conditions imprescriptibles de l'intérêt général. Vous additionnez, dites-vous, des unités de même espèce. Sommes-nous maintenant assurés qu'il existe des unités de même espèce ? Rien au fond de plus différencié, de plus dissident, de plus mystérieux, que chacun de vos voyageurs, en dépit d'apparences qui ont valeur d'axiomes. Et la vie autonome des machines, qu'en faites-vous ? Ne vous souvient-il pas de ce que disait Edgar Poe du rendement des deux moteurs ? Je vous laisse le soin de le citer vous-même. Vous vous faites une idée réaliste et raisonnable du voyage. Mais on ne voyage pas pour des choses raisonnables, pas davantage pour des choses réelles. Au terminus de votre ligne, et de toutes les lignes qui la prolongent, et de toutes les lignes du monde, il n'y a pas de choses sérieuses, il n'y a pas un rendez-vous d'affaires, il n'y a pas un billet de banque, il n'y a pas même un sentiment. Il y a un fantôme.

Vitrages

On ne voit pas de murs. On est libre de murs. On se
sent dans une cage que ses oiseaux enlèvent au ciel.
On ne voit même pas les peintres et leurs femmes, tant
il y a de lumière. On en est gêné, comme quand on
sortait de ce couloir obscur qui faisait repoussoir dans
les panoramas. La lumière vient de rentrer chez elle.
Va-t-elle nous manger ? Elle nous invite. Elle traîne
après elle, comme un filet de provisions, tout un côté
de Paris matinal, avec ses yeux d'or et ses joues bleues,
qui ne s'accolent que pour se fuir, comme si la main de
Qui me condamne, et dont les voies sont impénétra-
bles, se trompait et se reprenait au cours de son long
jeu de patience ; avec la houle, la houle des toits, la
classe divine des toits qui bourdonne, le chœur des
toits dont la voix fume, tout le chapitre en froc, en
capuce, en mitre, en chaussettes ; avec ses tours de
campanules, avec ses pots de réséda ; ceux qui s'écrou-
lent comme des livres, ceux qui se serrent à bras-le-
corps, en voilà un qui touche des épaules, comme la
vague mourante sous la vague adulte ; avec toutes ces
figures aux fenêtres, grosses comme un bonhomme
des Rois, qui regardent glisser un grand ballon vert,

sombre sous le ventre ; ces vieilles cheminées allumées en cuiller, l'armet de Mambrin, la plume à l'oreille et la cornette, ces usines qui geignent à la cantonade, sur le coup de midi, ces fumées bizarres des trains de ceinture, longues et traînantes comme un panache au bassinet d'un prince noir, qui ont l'air de passer la revue des fenêtres, à la hauteur du premier étage, de contourner les maisons, d'entrer dans les cours ; et, plus haut encore, au bord de la perle, ces coteaux de la banlieue, doux et couchés comme des oiseaux morts, tout contre un ciel de haute lisse où se poursuivent de grandes figures, dont le manteau de théâtre laisse briller parfois une arme...

Talus

Nous longions tristement des régiments de grilles. Les roseaux étaient de feu blanc. Levet, sous sa casquette de marin d'eau douce, Francis, rehaussé d'un col chevalière, et moi, coiffé d'un chapeau peintre, nous désirions beaucoup, nous ne demandions rien.

Nous commencions la longue marche de la vie, pleins d'un espoir immense et mal dissimulé, donnant dès le départ toute notre vitesse. Nous dépassions des dos baissés, des yeux qui ne se levaient plus.

C'était le premier embrun de l'espace, après la timidité de l'étude. Comme la ville brillait de sel ! Comme le ciel était pensif... On ne savait pas ce qu'il y aurait, là-bas, tout au bout, de l'autre côté de l'écume...

Nous pourchassions l'immense variété de vivre. Nous déchirions l'album des rues et des boutiques. Nous courions dans les fêtes en voleurs d'images.

O bonheur ! Le dimanche, comme un père populaire, faisait boire des rouges bords à des enfants de

cinq ans. Encore un ! Tu es un homme, sacrebleu !
Les parents noirs faisaient sauter les nouveau-nés en
fanfreluches blanches. Les grandes sœurs faisaient la
petite mère et se permettaient de corriger leur petite
sœur. (Finis donc ! Tu vous forces à vous gendarmer,
à la fin du compte !)

Il y a ceux qui se font traîner, et ceux qui tombent et
qu'on relève avec une gifle. Et il y a le tout-petit qu'on
porte en chantant et qui s'étouffe de pleurer sur votre
épaule, parce qu'un vaurien qui vous suit lui fait une
horrible grimace...

Aux abords des portes et le long des berges allaient
et venaient d'étranges colporteurs. Des postes de
secours, violets d'aramon, brenneux de lapin chasseur, des batteries de gaufres et de beignets, des bêtes
de fer au long cou fumant, des frites en cage qui
mouraient en pépiant, des guinguettes d'où bondissait
un trapèze, qui frondait le ciel à travers un nimbe de
mouches, s'embusquaient, chantaient, tiraient sans
relâche, à l'état brûlant, dans des terrains vagues
poissés de réclames, dans des vergers sans palissades,
et jusque dans ces retraits barbus, presque ignorés,
presque sauvages, oubliés par le pas des hommes, où
souffrent des fleurs aux doigts malades, où guette
parfois un blanc visage...

Nous admirions en nous exclamant des étalages
sucrés de couleurs, et qui tenaient tout entiers dans un
parapluie renversé. Il y en avait de plus importants où
le marchand avait des aides et songeait à prendre
boutique. Villages entiers de serrures, lampes verdies,
boutons de porte en opaline et qui avaient l'air en

absinthe, livraisons dépareillées du *Médecin des Folles*,
outils réformés comme de vieux chevaux, livres classiques tatoués d'encre, aux pages roulées comme des
oreilles, livres de prix aux reliures gaufrées, *les Petits
Pâtés de Menzikow* ou *les Dangers de la Richesse*, et des
cages, et des lunettes, et des ressorts d'horlogerie, et
encore des livres !

Les fortifications nous promettaient un bonheur
plus calme. Les talus et les fossés s'y creusaient et s'y
gonflaient comme la mer sous les nuages. Des coins
bleus et frais, des celliers de pierre chaude et de
feuilles poudreuses étayaient à perte de vue le mystère
qui s'absorbe et l'accablant sommeil qui succède à
l'amour. Au loin, un train tapait sur un tambourin
triste...

Le courant d'air de Dieu soutirait les ballons, les
chapeaux mal assujettis, les cartables, et jusqu'aux
figures de géométrie qui se périssaient dans les livres !
Les pavots de chair balançaient leurs dames. L'odeur
sourcilleuse du mauvais cigare encensait les anges. Un
cerf-volant qui montait là-haut, comme un Icare en
timbres-poste, portait au soleil notre immense prière,
rendait sa parole, lâchait la sphère et jetait son bonnet
par-dessus les moulins !

Moi, je pensais à Marie Pamelart, que nous avions
rencontrée rue Lepic, et qui avait les yeux tout en
pinceaux et en fourrures.

Nous allions ainsi, tous les trois, sur une terre
douce, sans automobiles et sans artillerie lourde,

jusqu'à l'heure où le crépuscule coulait son cœur dans l'apéritif, jusqu'au moment où la lumière faisait sa toile dans la ville. Philippe et Levet, où êtes-vous ? N'avez-vous pas quelque chose à nous dire ?

Intermède

Il y a si longtemps que je vois tout cela
Que je ne le vois plus.
Les maisons qui ont des visages trop connus
dont il vous plaît ou non de vous
                    approcher
                un peu plus.
Les funérailles d'Adam qui se traînent dans les rues...
Les arbres peu familiers, assez tristes,
qui coupent sans dureté la scène et le câble
toujours pareils, en cage dans leur vieux jardin,
sans ruisseau dans le voisinage,
et qui enferment si bien les lumières
qui se tourmentent ou se reposent...
Les arbres qui seront fidèles
à leur frémissement léger...

Plainte

Du fond des rues je vois venir
Les souvenirs
Que nous avions ensemble

Le ciel n'a plus son bleu léger
Et comme rassuré.
Il se fait plus profond, se dore
Et prend le soir avec inquiétude.

Les démarches ouvrent une trêve
A leur fatigue.
Les hommes se joignent et s'arrêtent
Comme en un songe.

O vie, dans ce moment qui passe
et que nous voudrions pour toujours ressaisir,
Cesse de dérober le secret de nos jours.

Rêve

J'ai eu l'âme d'un hagiographe, et celle d'Osmond le métalliste, et celle de Fargue l'émailleur.

Ce soir-là, j'étais à la fois Villon, Gringoire, Coquillart et Jacquemin Gringonneur.

Je me trouvais debout, les jambes fatiguées, plus boulues de varices que des hampes de roses trémières, dans le plein milieu de la place Maubert.

L'encrier de bois qui battait à ma boutonnière, au bout d'une ficelle, commençait à me peser et me bourriaudait comme un remords.

Que de rimailleurs et que d'écritoires ! Les clercs au crâne de noyer poncé bourdonnaient sous les auvents, circonvenus de mouches bouchères, laides comme des dames en noir affairées aux bonnes œuvres.

J'avais mon dernier costume jaune et vert, qui commençait à montrer la corde, mon chaperon de capeluche que la sueur collait à ma tête, mon lourd tribast, et mes souliers à la poulaine qui claquaient du bec.

Je me poussais de toutes manières dans les jongleurs, les ménestrels, les reîtres masqués, les montreurs de singes, les marchands d'oublies, d'estourbeillons et de chèneviettes, dont les cris et les fumées montaient de conserve avec les clochers dans le ciel venteux plein de châteaux forts.

Personne ne me fera d'offres, et je ne vendrai pas mes vers...

Le soir tombe. Voici l'heure de regarder par les soupiraux et les mortaises et les fentes des auberges où les cires s'allument, grandissent comme une peur, et se mouchent dans leurs doigts morts...

Voici l'heure d'aller rejoindre, au « Grand Écart » ou au « Bateau Ivre », Houchoronemukerje et Camulogène, les compeyrots mâcheurs de boulettes.

Voici l'heure d'être attendu par la Blanche Savetière, la Tapissière Guillemette, la gente Saulcière, Odette la Goualeuse... Il n'était pas une de ces dames que je ne connusse. Demandez plutôt à celles du Rempart.

Mais je sais que je verrai bientôt venir du fond de la scène, comme Thomas de Quincey voyait venir une petite fille, Plombagine, la fée du Condurango...

La déesse

Nous n'avons pas pu faire grand'chose pour elle. Ma tante avait bien essayé de la faire entrer chez Benoiston. Que de choses on veut faire entrer, dans la vie, chez Benoiston ! Celle-ci ne pouvait pas tenir en place. Autant caser la blanche Oloossone au claque-dent de la rue Maître-Albert. La nôtre avait besoin de sortir. Elle imaginait des histoires de clientes. On lui écrirait. Quand elle venait à la maison, elle s'adossait à la fenêtre, à contre-jour, et se mettait à mentir d'une voix basse, avec de petites reprises douces, et elle mentait, et elle mentait.

Je l'ai vue partir, avec son carton, comme un tambour, et tourner le coin de cette rue malade. Hors de là, tout est ouvert. On peut défiler sur les boulevards, on les feuillette comme un album. On gagne le Centre. On rejoint sa bande aux Tuileries. On peut se caresser au feu blanc des vitrines. Et toutes les petites choses qu'on se dit à soi-même. Alors, je ne la vois plus. Son visage s'enfonce et s'efface avec lenteur dans l'eau profonde de la ville. Mais qu'est-ce qui a pu se passer jusqu'au jour où je l'ai trouvée, seule au fond d'une chambre envahie par le soir, dans un hôtel de la rue des Poissonniers, plein de sons de vielle, d'escarpes en pantoufles et de femmes aux cheveux moulés?

Tout est fini depuis hier. Elle est là, dans ce dimanche d'hôpital. Je ne veux pas la voir. Je ferai les cent pas devant la porte. On arrose à grands traits le trottoir brûlant. J'attendrai. Pas de famille à l'horizon. Personne ne viendra. Des ouvriers sur un banc cassent une croûte, avec beaucoup de paroles. Un enfant s'amuse à sauter à cloche-pied sur les pavés sans marcher sur les joints. Un vieux retraité bougonne, très propre, qui fait sonner sa canne à chaque pas et s'éponge avec son mouchoir à carreaux, devant la porte de sortie des convois, sous les talus...

« Si, Monsieur, venez la voir. Vous n'avez rien à craindre. Elle n'est pas changée. » Du bout d'un couloir je l'aperçus, par une porte ouverte au rez-de-chaussée, au fond d'une cour ensoleillée. J'étais attiré et comme aspiré par la blancheur de son visage. Et ces grandes paupières couleur du tremble, plus de feuilles, plus de fleurs...

Le gardien de service, un vieux soldat, s'attendrissait. Hier, elle avait eu envie de poulet. Elle avait encore demandé sa boîte et son livre. Deux internes, à la fenêtre d'en face, se penchaient et regardaient. Une infirmière s'exaltait : « Venez la voir, elle est superbe. Elle est belle comme une déesse. »

... Pas comme une autre. Je vis bien que c'était Elle...

Une violette noire

*Tu as le visage grave et amical de ceux
qui ne vivront pas longtemps.*

(Maeterlinck.)

Quand je pense à Raymonde Linossier, et Dieu sait
si je pense à elle, à chaque instant, entre toutes sortes
d'événements et de paysages, elle a si bien tenu sa
place dans notre vie à tous, une place singulière, où
elle s'amusait avec tant de bon sens, avec un si gai
savoir, une place que ne gagnera personne, une place
retenue, défendue pour toujours, eh bien, quand je
pense à elle, elle ne m'arrive pas de l'autre côté. Ceux
que j'ai aimés, ceux que j'ai perdus ne se lèvent pas
avec tristesse d'entre des rangées de chaises et de
grilles, serrés et brouillés comme elles, dans des pays
de ciels fumés, de voûtes basses et de ronds-points
noirs. Ils ne remontent pas des mines de la mort. Non,
je pense à eux, je pense à Raymonde comme à
quelqu'un qu'on peut voir le lendemain, le jour
même. Elle va venir avec son air juste, avec sa gravité
secrète, avec ses yeux sensés et tendres.

C'est alors qu'il se passe un instant sans mesure, une seconde sans bornes, avant que je ne m'adapte aux ténèbres. Enfin, je ne sais pas ce qui s'est passé, c'était si court, cette immense blessure imperceptible...

J'étais parti pour me dire : « Qu'est-ce qu'elle fait donc en ce moment ? Elle pourrait bien me faire signe. Est-elle à Paris ? Je vais lui écrire. A-t-elle fait mes commissions à sa sœur, à Chanvin ? Nous devrions faire un tour à l'exposition des Inquiets, des Pires, des Irréparables. Il faut aussi que je l'emmène voir, un de ces soirs, les Grands Moulins de Pantin, ce dessin du père Hugo ravalé par Piranèse... » Bref, un tas de choses que nous aimons faire.

Hop ! Le tour de clef du temps m'a serré le cœur.

Chaque fois que je me sens en difficulté, que j'hésite sur la base, que je ne tamise pas la chose, que j'ai besoin d'un témoin dans un scrupule, je pense à vous, Raymonde, comme je pense à Charles-Louis Philippe. Enfin, j'ai besoin de vous en parler.

Je travaille, sans travailler, je lis un livre à l'envers, je reprends ce qui ne peut pas se reprendre, je poursuis ce qui ne peut pas se revivre, et je sens le chagrin se rouvrir en grand, lentement, le chagrin qui n'a pas séché, qui n'a pas durci pour moi.

Je rêve dehors, au bord d'un trottoir, comme sur une grève, en regardant l'éternel blanc de l'œil sans prunelle, en regardant ce ciel qui ne donne pas de ses nouvelles, et je n'ai pas vu le souvenir qui monte, et je reçois son paquet de chagrin qui me fait grelotter.

J'ai rêvé... c'était... que j'ai rêvé... gémit d'une voix chaude, atone et déserte, l'atroce dormeur, trempé sur son radeau, qui sort du tunnel des canaux des songes, heureux de se rouvrir pour quelque temps encore, heureux de rengager pour la terreur de vivre.

Et vivre, n'est-ce pas rêver d'un rêve ?

Je vous avais dédié, Raymonde, un pauvre poème. Vous l'avez sur vous. N'y pensons plus, il était trop triste.

Si nous nous retrouvons ailleurs, et je ne peux pas m'empêcher d'y penser, comme un enfant, quand il m'est trop dur de me soumettre, et que nous puissions nous traduire l'un à l'autre, vous me ferez entendre raison, j'en suis sûr.

Si nous nous retrouvons ailleurs, nous chercherons un mur qui ressemble à ce mur, boulevard de Port-Royal, que nous avons longé, où vous me consoliez quand j'étais malheureux.

Nous tâcherons aussi de trouver un chemin pareil à ce chemin, tout au bout de Neuilly, où nous nous promenions, un jour de vacances, avec Adrienne Monnier, et où vous avez dit, en vous tournant vers nous d'un air si sage : « Je suis heureuse... »

Le cauchemar au vernissage

... Enfin, me disait le dernier, de sa voix de remucle, étouffée comme lui, je le voyais à peine, il me parlait tout à fait de côté, au bord de l'oreille, je voyais sa tranche grisâtre déformée par mon regard de coin, je voyais le bout de son pied remuer tristement le museau, je voyais la paroi d'une rue tournante et qui commençait à se renverser : « Oui, finissait-il. C'est comme ça que ça vous prend. Tu passes dans la rue. Brusquement, tu te sens saisi. C'est la Sondedam ! Tu ne vois rien tout d'abord. Ça te prend généralement de travers, hors de vue et hors de portée, et ça ne se redresse que quand c'est sur toi. C'est comme une espèce de ressort libre, *disponible,* errant dans l'espace, une sorte de pseudopode, de graine faussement déhalée, de fil de la vierge patibulaire, qui vogue en dormant, te pose deux ou trois pattes, qui sur toi s'éveillent, grandissent, et deviennent cent mille autour de tes membres, et qui ne prend son sens et son but que sur toi. Et il n'y a qu'une façon de s'en sortir, c'est de se sauver sur quelqu'un. C'est de chercher le contact ou l'étreinte. Passe ça à ton voisin, à la douce ou à la dure. Mais pas de nature morte. J'ai essayé avec les objets, les kiosques, les lampadaires, les boutiques, les comestibles, ça ne prend pas, le ressort ne marche pas. Des hommes, il faut des hommes. On ne se sauve que dans le nombre et le comblement de l'espace. On se serre les uns contre les autres, comme les troupeaux quand ils éventent une sale bête. Des troupeaux, nous sommes des troupeaux noirs, indisciplinés, sous le rayonnement qui vient des nébuleuses. Nous courons à des agrégats rapides, à des Laocoons collectifs, à des additions de chair folles. Il faut apprendre le métier de poulpe pour fuir le poulpe. Ce sera peut-être un jour la technique, l'embrassade à régler, pour se repasser poliment la Mort. Jette-toi sur ton frère, et tâche de te faire confondre avec lui par la Sondedam. Quand tu la sentiras lâcher, déprends-toi gentiment, si tu peux, en souplesse, avec précaution, comme pour un lacet, pour ne pas revenir au nouement, lentement, lentement, en prenant garde de donner l'éveil. Et sauve-toi le plus vite possible! D'ailleurs, tu apprendras bien par toi-même. Hélas, je sens que tu es prédestiné. »

Je voulus lui saisir le bras. Il avait disparu. Je me sentais gagner par un froid de loup, oui, de loup. Je venais de sortir de cette léthargie d'une semaine où m'avait couché ce fatal amour qui me portait la poisse depuis tant de jours. Je redescendais dans la ville, et j'avais peur, comme si je descendais dans la fosse aux ours. En effet, j'en apprenais de belles! L'autre jour, c'était à l'heure de la T.S.F., et tout le monde était aux écoutes, dans tous les casiers, dans le monde entier, quand il passa de violents parasites qui firent vaciller longuement les postes, les meubles, vibrer les cuisines, pincèrent les pianos, arrêt des horloges. Quelques réclamations, quelques notes dans les journaux contre les P.T.T., la Tour Eiffel, les usines proches, françaises, allemandes, américaines, et l'on n'en parlait plus. Quand un soir, une terrible décharge fracassait les appareils, assommant cent mille auditeurs sur toute la Terre, cent mille mouches d'hommes dans leurs alvéoles, devant leur cheminée, dans leur salon, dans leur voiture, comme d'un coup de casquette de gosse sur un mur. Les concerts avaient littéralement explosé, la musique exterminait les oreilles indignes. Les conseils des ministres, les académies, les sociétés savantes, les psychiatres, les métapsychiciens (répétez-le dix fois sans vous tromper), les pneumatologues, les barbicanes, etc., réunis. L'on avait enfin péniblement compris (l'explication plus tard, aujourd'hui, ce serait trop long), que c'étaient *les lignes de force de la pensée*, conduites par un support tout à fait emplastique, et qui, surclassant les bruits, s'étaient libérées avec tant de vigueur qu'elles avaient tout cassé. Tant de vigueur qu'elles cherchaient à fonder une race nouvelle, autonome, agaçant les rues, les bâtiments civils, les palais nationaux, les coffres, les caves, les bibliothèques, où elles frétillaient singulièrement, sentant l'écurie. Comme tous les révolutionnaires, elles cherchaient plus ou moins consciemment leur matière, leur statique, embourgeoisement futur. Comme chez tous les indépendants, il y avait du lèche-cul en elles, d'autant plus aigu qu'il était moins préjugé, moins social. Elles cherchaient à rentrer dans quelque chose, et, naturellement, elles pensaient encore à parasiter sur l'homme. L'air de la rue était

plein de protoplasmes et de rhizostomes, d'une substance de sperme languide et qu'on voyait par instants
frémir. Ils sautaient sur l'homme et l'étranglaient.
Mais l'autovaccin ne prenait pas. Les pensées restées
fidèles, restées prisonnières derrière le mur d'os, les
repoussaient de toutes leurs forces à bas du trottoir.
En attendant la promulgation des décrets-lois, toujours annoncés, l'on n'avait rien trouvé de pratique
que de s'en débarrasser sur les autres. L'égoïsme
jouissait de son reste. La vie de l'homme devenait un
travail d'écheveau terrible, un véritable démêloir de la
Mort !

Je repris mon chemin en battant la semelle. Je ne
pouvais pas m'y faire encore, je rêvais encore à trop de
choses. Mais j'avançais de tout mon poids, avec
précaution, serrant les épaules, contractures partout,
regardant bien où je mettais les pieds. (J'aurai tout de
même connu de singuliers personnages. Il faudra
que j'achète une malle « Au Départ ».) Je sondais
l'air avidement. Mais je voyais tant de monde ! Ce
ressac bipède, tous ces tisonniers, tous ces fusains
d'hommes ! Je me réconfortais aux magasins, aux
étalages, aux incidents de la rue. Quand, tout à coup,
les passants s'estompèrent pour moi, roulèrent les uns
autour des autres, comme des paquets de serpents,
comme un gigantesque tour de cravate, dans la
poussière, et s'évanouirent à perte de vue. Je vis d'un
coup la rue vidée de son peuple, absolument déserte,
et, presque aussitôt, je fus saisi !
Je me sentis dolent et faible comme un enfant, avec
une grosse envie de pleurer. Cependant, mes jambes

étaient libres et ne demandaient qu'à courir. Elles virent passer tout près d'elles une automobile fantôme, bizarrement tronquée dans ses volumes et qui commençait à s'effacer. Elles sautèrent dedans. Dès que je fus assis, le taxi reprit corps. Je vis par la vitre se coaguler le dos d'un chauffeur encore vermiforme. Mais comme je l'ouvrais et me penchais pour lui souffler : galerie Georges-Petit, je vis ses vertèbres cervicales nues et luisantes dans son col de cuir...

Je faisais dans le taxi le moins de mouvements possible, pour ne pas risquer d'indisposer le ressort invisible qui me serrait avec la douceur dédaigneuse et l'autorité d'un maître, et de multiplier ses prises. Nous arrivâmes enfin rue de Sèze. Là, je sentis dans la poigne une sorte d'indulgence, et, regardant toujours par la vitre, qui me paraissait s'essuyer, je vis que mon chauffeur s'était empoté d'un cou large, rouge, couvert de poils carotte. J'aperçus dans la rue quelques ombres de singes, et j'eus l'intuition que nous étions sortis de la zone dangereuse. Mais la Sondedam me tenait toujours. Je descendis de la voiture avec beaucoup de circonspection. (Tapée la portière, j'eus le sentiment que j'avais coupé un tentacule...) La galerie Georges-Petit regorgeait de monde. Bien que Paris, comme toutes les Capitales, fût en état de siège, c'était le vernissage des Épidémistes français.

J'avisai tout de suite une femme charmante, à la taille filiforme, et telle qu'une guêpe eût été suspecte de grossesse à côté d'elle. Elle avait les épaules couvertes d'une multitude de petits carricks, des bottines à élastiques et à tirettes pointantes, un

chapeau composé de trois plateaux superposés, pareil
aux anciens manèges de chevaux de bois, un fer à
cheval de moustache et de barbe, un face-à-main
grand comme une potence. Un vrai bijou, peu chère,
et qui n'avait jamais pensé. Mais elle était examinée
par un groupe de peintres et de critiques chapeautés
de bords plats, jabotés d'une lavallière, parmi lesquels
je n'eus pas de peine à reconnaître Albert Guillaume,
toujours sémillant, qui causait avec le fantôme de
Grévin, coiffé de son béret d'artiste et vissé de sa
courte pipe ; le squelette d'Albert Wolff, bossu
comme une mygale, semblable à un gabion de testi-
cules ; un nègre indigo dans la bouche duquel défilait
un chemin de fer en or ; deux Américaines à peu près
complètement à poil ; Armand Silvestre, sa manucure,
et deux danseurs professionnels.

Le ressort, pour le moment, n'avait pas beaucoup
de méchanceté, mais il se multipliait sur moi, de plus
en plus loin, s'embrouillant comme le paraphe d'une
signature prétentieuse. « Oh », pensai-je. Et de me
jeter sur la femme à barbe, et de la saisir à bras-le-
corps, avec des ronds de petits baisers sur la bouche et
dans les oreilles. Outrée dix secondes, elle minauda,
sifflant de temps à autre un long soupir qui lui faisait
la bouche oblongue. Rrouâ... Pâms... Soudain, elle
grimaça : je venais de lui passer le ressort de la
Sondedam !

Je bondis, je roulai dans ma voiture en ricanant.
« Ça pince, hein ? » que je pensais. Je frisais des
studios de craie, des maisons pareilles à des moules à
gaufres, Montparnasse, la Rotonde, la Coupole, des
cafés tonnants de haut-parleurs, les boulevards, des
boutiques de chaussures en fer battu. Bientôt, je

longeai des homuncules de minium, et je traversai des campagnes, des campagnes... Enfin, j'arrivai dans une petite ville de province. Je sautai de voiture. Je glissai longtemps dans des rues désertes, et, sans toucher terre, j'abordai le chevet d'une très vieille église, aux cimaises polies comme celles d'un meuble bien entretenu, bien fourbi. C'était la maison de La Boétie, à Sarlat, plus, un clocher. Et je vis tout de suite, sous un auvent, dans une loge de verre, un grand jeune homme pâle, à barbe fine et vêtu de noir, qui protégeait une jeune fille adorable. Elle répondait au nom d'Adalberte de Valneige. Ils paraissaient vendre des médailles...

— Mademoiselle, Monsieur, leur dis-je, en me tenant toujours libre de près d'un mètre au-dessus de terre, et il me sembla qu'ils pâlissaient encore. Je suis M. Donat Prudor, abonné, notable commerçant, général de Territoriale, officier d'Académie Française. Vous voyez donc que je ne suis pas fou. Eh bien, voici ce qui m'est arrivé...

— Monsieur, répondit l'artiste avec tristesse, je vous crois sans peine. Mais j'ignorais ces événements. Je suis M. Bellery-Desfontaines.

— Oh, oh, dis-je, interloqué... Gentil, gentil monsieur Bellery-Desfontaines... On le serait à moins... Vous faites partie de notre jeunesse. Ah, la Nationale, Henri Martin, Ménard, Dauchez, les décorateurs, Simas, l'Art Nouveau Bing, les ateliers des céramistes... On ne ratait pas une exposition... Vieil argent des douces années...

Je n'eus pas le temps d'entendre sa réponse. Je glissais en sens inverse, vertigineusement. Je rentrai dans la ville, je montai d'interminables escaliers, mangés par l'aube, sans pouvoir rattraper mon retard, mon retard, mon retard, et me réveillai tenant dans mes bras l'unijambiste coulé en bronze, statue pédestre de la Mort, qui suit à cloche-pied l'enterrement de la ville nocturne, vieille partie d'échecs aux pièces patientes, et verse sur nos souvenirs sa lumière vaironne et qui ne veut pas regarder...

En rase-mottes

Je savais bien que j'y reviendrais...
Je m'intéressais trop à cette fourmilière.
Je la voyais couler si douce.
Et maintenant que je la surplombe et que je la trouble
    comme un busard
En traînant par petits temps une patte prudente sur la
    terre,
Je ne comprends plus, je ne m'y reconnais plus.

— Qu'est-ce qui siffle au ras des pierres avec cette finesse
    intolérable ?
— Est-ce donc cette fameuse bataille entre les fourmis
    noires et les fourmis jaunes ?
— Celles-ci construisent comme les castors.
— Je crois que tu t'es trompé de place.
— Compèresprit, que vois-tu encore ?

— Le ciel est battu d'insectes grinçants
D'un aspect antique. Scarabées sacrés,
Cranequins, arbalètes. Il y en a plus

Autour de ma lampe qu'il n'y en avait
Dans ma chambre, au temps où je travaillais
La fenêtre ouverte, le long des nuits chaudes...
Je vois un immense Paris métronome
A la grande aiguille qui luit d'un sang triste,
Comme si elle avait percé le Bon Dieu.
    Je vois des maisons à pivot
Qui tournent avec le soleil.
    Je vois des quartiers démontables
Qui s'en vont tout seuls en voyage.
    Je vois des scorpions passants,
Armés jusqu'aux dents de cosses aiguës,
S'arrêter net sur leurs ergots à la poulaine,
Et glisser quelque monnaie dans une machine à envoûter.
Je vois des camions et des voitures de cristal
Faire le tour des maisons, par les toits.
Sans contact apparent.

Je vois des trains, maniérés bien que rapides, lire la pensée dans les astres et la proclamer sur des passerelles d'une frêlerie folle.

Je vois des hommes verts, et qui n'ont pensé toute leur vie qu'à l'argent, Russes voleurs de diamants, vieux huissiers français, bourgeois pleins de thunes et de couperoses, s'improviser grands artistes en huit jours et vendre leurs navets trente-six mille gourbeignes.

Je vois des putains modernes, longues comme des mantes, entraîner des michés sur des trottoirs roulants.

Je vois des putains anciennes, obèses et mouvantes comme des baquets de colle, longer honteusement les gares de ceinture et les usines.

Je vois des pédicures et des garçons coiffeurs, de jeunes

larbins et des gigolos, le croc coquin, la crotte au nez, mourir étouffés, Laocoons des femmes du monde et des nègres.

Je vois des vieillards sclérosés, rajeunis par des greffes interstitielles prélevées sur des militaires, demander à deux cents ans la main d'une fillette de quatre-vingt-dix ans.

Les parents la trouvent un peu jeune. L'honnête homme trompé s'éloigne et ne dit mot. Il se console tour à tour avec son planeur orchestre et son xylophone érotique.

— *Mais qu'est-ce que tu me racontes des journaux et des affiches ?*

— *« On échangerait cœur ayant très peu battu contre rate largement dilatée ? »*

— *Rendez-nous, s'il vous plaît, nos chagrins et nos sommes.*

Et reprenez vos 1 000 H.P.

LE PIÉTON DE PARIS

DU MÊME AUTEUR

Ouvrage reproduit
par procédé photomécanique.
Impression Bussière Camedan Imprimeries
à Saint-Amand (Cher), le 6 avril 1998.
Dépôt légal : avril 1998.
1ᵉʳ dépôt légal : septembre 1993.
Numéro d'imprimeur : 982082/1.
ISBN 2-07-073439-0./Imprimé en France.

86477